Fünfundzwanzig Jahre wurde Nora Sommer von Migräne, Alpträumen und Depressionen gequält. Es gab Phasen, in denen sie das Gefühl hatte, hilflos über einem Abgrund zu hängen oder in einem engen Fahrstuhl zu kauern, der mit rasender Geschwindigkeit abwärts sauste, ohne jemals anzukommen. Als sie den Alltag kaum noch bewältigen konnte, suchte sie, nach zahllosen medizinischen Behandlungen, wieder einmal professionelle Hilfe, diesmal in einer Psychotherapie.

Unterstützt von ihrer Therapeutin Claudia Bommert, begibt sich Nora Sommer auf die schmerzvolle Reise in ihre Kindheit. Sie ahnt sehr bald und muß es sich schließlich eingestehen, daß sie mit den Folgen von sexuellem Mißbrauch zu kämpfen hat. Im Verlauf von zwei Jahren wächst in ihr neuer Lebensmut. Mit Hilfe der während der Therapie erlernten Strategien und dank eines wachsenden Selbstbewußtseins führt Nora Sommer heute ein normales Leben und kann sich den Problemen ohne die Beschwerden stellen, die ihr früher eine Lösung oft unmöglich machten.

Während Nora Sommer ihre Lebensgeschichte sowie ihre Gefühle und Eindrücke während der Psychotherapie beschreibt, stellt Claudia Bommert den Ablauf aus der Sicht der Psychotherapeutin dar und erläutert ihre Einsichten und Interventionen. Aus dem Wechsel der Perspektiven wird der Prozeß der Heilung nachvollziehbar.

Nora Sommer, geb. 1944, von Beruf Krankenschwester, lebt mit ihrer Familie in Norddeutschland.
Claudia Bommert, geb. 1955, arbeitet seit 1981 als Psychologin und Psychotherapeutin mit Frauen und Kindern, die sexuelle Gewalt erlebt haben.

Nora Sommer und Claudia Bommert

Eine anständige Familie

Geschichte eines Mißbrauchs

Fischer
Taschenbuch
Verlag

Lebenskrisen – Lebenschancen
Lektorat: Anke Rasch

Originalausgabe
Veröffentlicht im Fischer Taschenbuch Verlag GmbH,
Frankfurt am Main, Dezember 1995

Gesamtherstellung: Clausen & Bosse, Leck
Printed in Germany
ISBN 3-596-12677-0

Gedruckt auf chlor- und säurefreiem Papier

Inhalt

Einleitung

Sanft und einfühlsam, wenn es notwendig war, auch mit Nachdruck, hat mich meine Therapeutin durch die Stunden geleitet und aufgefangen, mir mit Rat und Tat hilfreich zur Seite gestanden. Ihr tausend Dank dafür. Auf ihren Vorschlag, nach Tagen des inneren Kampfes und auf Zureden meines Mannes habe ich einen Teil meiner Lebensgeschichte, meiner Erfahrungen niedergeschrieben. Für all jene Frauen, denen die Kraft fehlt, laut zu schreien, die nur ihre Ohnmacht fühlen und sich nicht trauen, das Unrecht, welches ihnen als Kind angetan wurde, öffentlich zu machen. Frauen, denen noch Schlimmeres als mir widerfahren ist, die versuchen, mit ihrer inneren Verwundung fertig zu werden, deren Folgen sie ein Leben lang begleiten. Ich kann sie gut verstehen.

Vielleicht trage ich mit der Veröffentlichung meiner Geschichte dazu bei, Mütter und Väter aufzurütteln, sie sensibel zu machen für die Bedürfnisse ihrer Kinder. Man muß nur genau hinsehen, hinhören und ihnen Glauben schenken. Zuschauen, wie sie uns Erwachsenen vertrauen und Unterschiede machen, uns genau zeigen, wo sie sich wohl fühlen und wo nicht. Sich ankuscheln, Wärme und Verständnis suchen.

Wie kann man nur dieses Vertrauen mißbrauchen, diese Kinder manipulieren? Sie den eigenen Wünschen gefügig machen? Sie psychisch, physisch und/oder sexuell mißbrauchen? Und auch noch glauben, sie würden dies alles unbeschadet überstehen?

Wenn es aber doch geschehen ist, sollte man sein Herz nicht verschließen. Diese Kinder darf man nicht mit ihren Gefühlen alleine lassen, man muß ihnen helfen, damit sie das Geschehene verarbeiten können.

Nora Sommer

Mit dem vorliegenden Buch haben Frau Sommer und ich versucht, unsere gemeinsame Wanderung durch die Therapie zu beschreiben, jede aus ihrer eigenen Sicht. Ich danke Frau Sommer für ihr Vertrauen und die Offenheit, mit der sie ihre Erlebnisse und Gefühle mit mir geteilt hat.

An manchen Stellen decken sich Frau Sommers Erinnerungen zeitlich nicht ganz exakt mit meinen Protokollen der Therapiesitzungen. Das haben wir jedoch in Kauf genommen, denn für uns zählten letztendlich nur der nachvollziehbare Entwicklungsprozeß und das Ergebnis.

Claudia Bommert

Die Folter im Kopf

Ende Oktober 1989. Klinikum in einer norddeutschen Stadt.
Ich habe vor ein paar Tagen mit der Vorzimmerdame einen Termin vereinbart. Nun sitze ich hier wartend in der Halle, voller Hoffnung. Wie oft schon habe ich mir von ganzem Herzen gewünscht, endlich Hilfe zu bekommen, und jedesmal die gleiche tiefe Enttäuschung erlebt.
Ich bin etwas zu früh und die Ärztin zu spät. So ziehen Gedanken an mir vorüber.
Wieder habe ich starke Migräne, mir ist ekelhaft übel, in meinem Kopf scheint ein Vulkan auszubrechen, auf der rechten Seite tief innen habe ich rasende Kopfschmerzen. Ich fühle mich völlig hilflos und bin verzweifelt. Auf der Fahrt hierher über die Autobahn habe ich gefroren, nun reiße ich hier das Fenster auf, schaue den fallenden Blättern zu. Nur nicht zuviel erwarten. Die Ärztin kommt und bittet mich in ihr Sprechzimmer. Sie erhält von mir die angeforderten Unterlagen. Röntgenbilder, Facharzt- und Krankenhausberichte sowie eine Schmerzvorgeschichte. Verständnisvolle Ärztin. Die üblichen Fragen. Seit wann, wie oft, wo haben Sie diesen Schmerz? Übelkeit? Brechreiz? Welche Medikamente nehmen Sie? . . .
Ich war gerade einundzwanzig Jahre alt geworden, ungefähr ein Jahr verheiratet, und meine Tochter war ein paar Monate alt, als ich den ersten Migräneanfall bekam. Voller Schrecken dachte ich an einen Gehirntumor, aber mein Hausarzt diagnostizierte Migräne. Ich kannte bis dahin überhaupt keine Kopfschmerzen. Als Kind hatte ich jedoch von vornehmen Damen gelesen, die ihre Migräne nahmen, und so etwas sollte ich nun haben. Besser als der Titel einer Fernsehsendung zu diesem Thema konnte man es nicht beschreiben: »Die Folter im Kopf«.
Anfangs hatte ich nur ein paar Attacken im Jahr. Mit der Zeit steigerten sich Häufigkeit, Stärke und Dauer. Hinzu kamen gelegentlich Sehstörungen mit Blickausfällen, Schwindelgefühl und

Gleichgewichtsprobleme sowie Durchblutungsschwankungen. Auch ließ die Konzentration merklich nach. Ich habe alles versucht: Akupunktur, Quaddelbehandlungen, autogenes Training, Kuren, Rotlichtbestrahlungen, Eisbeutel, Mikrowellen, Massagen, Bäder, Saunen, Vitaminkuren.

Auf der Suche nach dem Grund für die Attacken war ich bei den verschiedensten Fachärzten, darunter ein Röntgenologe, ein Augenarzt, ein Orthopäde sowie ein Neurologe. Seit zehn Jahren nehme ich bei Bedarf ein sogenanntes Mehrwirkstoffpräparat. Es hilft mir, jedenfalls wenn ich es zu Beginn eines Anfalls nehme.

Nun sitze ich hier und versuche der Ärztin, die mir geduldig zuhört, zu erklären, daß sich die Anfälle seit ein paar Wochen häufen und dann bis zu mehreren Tagen andauern können. Ich möchte aber die auf dem Beipackzettel angegebenen Mengen des Medikaments nicht überschreiten. Vorsichtig frage ich, ob es vielleicht sinnvoll sei, das Mittel zu wechseln. Nein, ein anderes brauche ich nicht, das Migränemittel bei Bedarf ist o.k. Einen Beta-Rezeptorenblocker soll ich nehmen, regelmäßig täglich nach Anweisung. Bedrückt fahre ich nach Hause.

Die Anfälle werden stärker, quälender. Die Dinge spitzen sich allmählich zu. Ich habe Angst davor, abends ins Bett zu gehen. Nachts muß etwas in meinem Körper, in meinem Kopf geschehen. Ich wache oft mitten in der Nacht oder am Morgen mit starken Kopfschmerzen auf, bin unruhig, wandere durch die Wohnung, weiß nicht mehr, wohin! Wann hört das auf? Ich habe Angst, wahnsinnig zu werden, und quäle mich fürchterlich. Besonders schlimm ist die starke Übelkeit dabei, die sich über Stunden hinzieht.

Mein Mann ist ratlos, er möchte mir helfen. So ruft er die behandelnde Ärztin im Klinikum an. Sie empfiehlt, mit mir zur Notaufnahme des hiesigen Krankenhauses zu fahren. Für diese Nacht wird mir in der Ambulanz durch eine Spritze geholfen.

Es ist Anfang November. Zu dem Beta-Rezeptorenblocker wird mir noch ein Antihypotonikum verordnet. Diese beiden Medikamente werde ich über Wochen täglich gewissenhaft einnehmen. Nichts bessert sich. Im Gegenteil, es wird schlimmer.

Eine Bekannte geht aus beruflichem Interesse zu einem Vortrag über sexuellen Mißbrauch an Kindern. Sie nimmt mich mit. Es ist

Mitte November. Die Dozentin ist Rechtsmedizinerin und zeigt mit Dias, wie man sexuellen Mißbrauch auch schon bei ganz kleinen Kindern erkennen kann.

Die Bilder berühren mich zutiefst. Lange Zeit nachher bin ich noch heftig aufgewühlt. Ich merke, daß das weit über das übliche Maß hinausgeht, und kann es mir nicht erklären.

Ende November machen meine Eltern den alljährlichen Besuch bei uns. 600 km trennen uns, und ich war immer froh darüber. Mein Vater feiert seinen 80. Geburtstag. Es wird der letzte sein. Einen Herzinfarkt hat er zu diesem Zeitpunkt schon gehabt sowie eine große und zwei kleinere Operationen. Die Spannung, die sich in der Familie vor seinen Besuchen immer aufbaut, läßt nach. Statt mit dem Auto sind meine Eltern diesmal mit dem Flugzeug gekommen.

Mitleid macht sich breit in mir und hüllt mich ein. Ich vergesse für Stunden, sogar Tage, den unberechenbaren jähzornigen Mann, der er mal war, der die ganze Familie in Atem hielt und der sich kaum unter Kontrolle bringen konnte. Ich sehe nur Gebrechlichkeit, Zittern, Leiden, Alter und Krankheit. Ich versuche, ihn mit meiner Fürsorge zu erreichen und mich dabei zu vergessen.

Aber nein, da ist es wieder, ich kann es nicht fassen und bin irritiert. Wir kaufen zusammen im Supermarkt ein. Mein Vater liebt eine besondere Art von Kerzenhalter. Nein, diese Sorte führen wir nicht, ja, früher einmal. Ist es möglich, daß noch welche im Lager sind? Nein? Kann man sie bestellen? Sie werden nicht mehr hergestellt. Kann ich den Geschäftsführer sprechen! Ich lasse ihn zurück, gehe in eine andere Abteilung, wie gut kenne ich das von früher. Streit um nichts, er findet immer etwas. Als ich Minuten später nach ihm sehe, führt er einen heftigen Disput mit dem Abteilungsleiter und zwei oder drei Verkäuferinnen. Ich mag gar nicht genau hinschauen und warte ab. Sie versuchten, höflich zu dem alten Herrn zu sein, und sind sichtlich froh, als er sich abwendet. Nein, Kerzenhalter hat er nicht, dafür Sieg im Blick.

Am Nachmittag bringen Mutter und ich die falschen Rasierklingen für seinen Naßrasierer mit. Sie passen wirklich nicht. Ja, morgen tauschen wir sie wieder um. Nein, du brauchst nicht mitzukommen, kannst schlecht laufen, hast Schmerzen dabei. Ich mache das für dich. Nein, er will das machen, ich soll ihn nur hinfahren. Eigensinn heißt sein Parfüm. Am nächsten Morgen wieder eine große Auseinandersetzung. Völlig entnervt fahre ich ihn zur Drogerie, warte draußen. Bitte ihn, die Verkäuferin in Frieden zu lassen, ich kenne sie. Er braucht wieder seinen täglichen Adrenalinstoß. Solche Provokationen waren früher bei uns an der Tagesordnung. Sie gehörten zum ganz normalen Wahnsinn meiner Kindheit.

Ich spüre meine weichen Knie. Wenn ich die Augen schließe, ist er wieder so wie früher. Er will bestimmen über Sachen und Menschen, will Beachtung bekommen, zeigen, daß er noch Macht besitzt. Alles soll nach seinem Willen gehen. Auch jetzt, wo ich von seinem hohen Alter eigentlich Weisheit, Güte, Verstehen und Geduld erwartet habe, signalisiert mein Körper Gefahr und geht automatisch auf Abstand.

Warum bin ich so schrecklich wütend, ich versuche, es zu unterdrücken. Er weiß, weshalb. Meine Mutter sitzt neben ihm. Hör auf, Vater, sonst gehe ich raus, ich mag das nicht. Dies ist ihr Standardsatz bei Problemen, solange ich denken kann. Ihre Mutter ist auch immer rausgegangen. Sie ist stolz auf ihre preußische Erziehung. Sie sinkt in sich zusammen, zu Hause ist er immer ganz anders, sie kann es nicht verstehen. Ihr Mann muß ein anderer sein als der Vater, den ich kenne.

Sie muß viel vergessen haben. Plötzlich bekomme ich eine Vorstellung von dem, was mich früher so belastet hat. Die Freude am Leben fehlt ihm, hat ihm schon immer gefehlt. Nur sehe ich es jetzt deutlicher. Er sagt von sich, er sei ein Pessimist, sieht in allem nur das Negative. Wo Schatten ist, ist aber auch Sonne, nur die Sonne sieht er nicht. Sein Schatten holt mich immer wieder ein, auch noch nach Jahrzehnten. Erinnerungen tauchen auf, ich will es nicht und wehre mich dagegen.

Er kann schwer an das Gute im Menschen glauben. Wie wird man so? Vielleicht war es der Krieg? Seine Mutter hat ihn nie gemocht, immer die Schwester vorgezogen, ihn vernachlässigt. Erst die Schwiegermutter hat ihn anerkannt, gesagt, sie hätte einen Sohn dazubekommen. Meine Eltern haben die Mutter meiner Mutter auch noch nach ihrem Tode sehr verehrt, sie war ihr Vorbild. Groß stand ihr Foto auf der Kommode, immer mit frischen Blumen der Saison davor. Mein Vater sorgte dafür. Mit ihrem stummen, starren Blick hat sie mein Wachsen und Werden verfolgt. Ich soll viel von ihr haben.

Plötzlich werde ich aus meinen trüben Gedanken gerissen. In der Küche höre ich ihn jetzt hinter mir. Ich soll ihm verzeihen. Es ist das erste Mal, daß ich diesen Satz aus seinem Munde höre. Weiß nicht, was er eigentlich meint. Ja, natürlich, er braucht sich nicht zu entschuldigen. Aber er hat so eine Art, damit konnte ich noch nie umgehen. Erstaunen in seinem Blick. »Du sollst deinen Vater und deine Mutter ehren.« Es brodelt weiter in mir. Nur jetzt keine Auseinandersetzung mehr, sie sind alt.

Mutter hat Altersdiabetes, seit Jahrzehnten Herzbeschwerden mit Bluthochdruck und eine Staroperation hinter sich.

Die letzten Tage versuchen wir, behutsam miteinander umzugehen. Reden wie immer aneinander vorbei. Ich setze wieder einmal mein idiotisches Lächeln auf, meine Maske, meine Mauer. Keiner kann in mich hineinsehen. Dieses Lächeln erscheint wie durch Knopfdruck ausgelöst, es ist mir gar nicht mehr bewußt. Ich knipse es auch in Situationen an, in denen ich eigentlich wütend bin und unfähig, mich mit meiner Wut auseinanderzusetzen. Damit halte ich Leute auf Distanz, höre mir aber ihre Sorgen und Nöte an. Es ist wie eine Einbahnstraße in meine Richtung.

Mein Kopf dröhnt. Ich suche den Frieden in mir, es hat ihn nie gegeben. Die Zeit der Alpträume beginnt wieder. Ein paar Tage vor Weihnachten 1989 muß ich wieder ins Krankenhaus. Ich bekomme Infusionen, liege im Sechsbettzimmer. Nichts ändert sich. Ich bin entsetzlich unruhig. Weil die Übelkeit so schlimm ist, ernähre ich mich hauptsächlich von Haferschleim und Zwieback. Die Tabletten, die ich bis dahin genommen habe, werden auf meine Bitte abgesetzt, da sich mein Zustand nicht bessert.

Es ist Heiligabend, ich werde auf eigenen Wunsch entlassen. Es beginnt eine fürchterliche Zeit, inzwischen mit fast täglichen Kopfschmerzen oder starkem Druck im Kopf. Mein Verdacht, inzwischen von Ergotamin, dem Wirkstoff des Kopfschmerzmittels, abhängig zu sein, wächst.

Eine starke Depression gesellt sich dazu, sie wird mich fast zwei

Jahre, mal mehr, mal weniger intensiv, treu begleiten. Sie macht mich, als Kompagnon der Migräne, unfähig, ein normales Leben zu führen.

Ein Außenstehender kann kaum ermessen, wieviel Kraft man in diesem Zustand aufbringen muß, um ganz alltägliche Verrichtungen wie Körperpflege, Hausarbeit, Einkauf usw. zu vollbringen. Die Tage und Nächte sind dunkelgrau und endlos lang. Sie werden unterbrochen von Kopfschmerzattacken, die tagelang anhalten und von Übelkeit begleitet sind. Ich schleppe mich von einer Stunde zur anderen. Es gibt allerdings auch Zeiten, wo ich von einer eigenartigen inneren Unruhe erfüllt bin. Dann kann ich nicht stillsitzen.

Ich bin am Ende. Lieber Gott, zieh doch den Stecker aus der Steckdose, ich kann nicht mehr.

Stunden habe ich im Wartezimmer meines Hausarztes verbracht, auch er konnte mir nicht helfen.

Als es mir etwas besser zu gehen scheint, fange ich einen neuen Job an, halbtags. Ich versuche es, reiße mich zusammen. Nach einer Woche geht es nicht mehr, ich bitte um den Auflösungsvertrag. Meine alljährlich wiederkehrende Pollenallergie hat mich auch wieder fest im Griff.

Nach einer Computertomographie wird mir klar, daß die Migräne nicht organisch bedingt sein kann, und ich beginne, mich mit dem Gedanken einer Psychotherapie anzufreunden. Ich will es wissen! Ich mache meinem Hausarzt den Vorschlag, und er gibt mir seine Zustimmung. Es scheint mir der einzige Weg, die letzte Möglichkeit. Ist es das? Ich habe viele Zweifel, aber ich muß etwas tun.

Was kommt da auf mich zu? Was wird dort gemacht? Ich habe keine Ahnung. Für mich ist klar, ich muß nach einer Therapeutin suchen. Es muß eine Frau sein.

Aus meinem Aktenordner krame ich eine Adresse hervor, um die ich die behandelnde Ärztin im Krankenhaus gebeten hatte. Ein eilig beschriebener, kleiner, herausgerissener Zettel. Kurzentschlossen rufe ich an, die Verzweiflung im Nacken.

Es ist eine Ärztin, eine Psychotherapeutin in der nächsten Stadt. Sie hat viel zu tun, Termine für ein Vorgespräch sind erst einige

Wochen später frei. Die Stimme gefällt mir nicht. Stimme und Hände sind wichtig für mich. Dann kommt ein guter Vorschlag von ihr. Sie empfiehlt mir eine Kollegin in der Stadt, in der ich wohne. Praktisch gleich um die Ecke.

In meinem Zustand ist es wichtig für mich, notfalls auch zu Fuß oder mit dem Bus zur Behandlung kommen zu können. Immer öfter muß ich mein Auto stehenlassen, da ich nicht unter Medikamenteneinfluß fahren will.

Noch am gleichen Tag rufe ich an. Eine sachliche, freundliche Stimme. Die Stimme gefällt mir. Ich bekomme einen Termin für ein erstes Vorgespräch. Der Anfang ist gemacht, nun muß ich hin. An das Vorgespräch habe ich keine genaue Erinnerung mehr. Ich weiß nur noch, daß ich mich grauenhaft fühle und ständig in Tränen ausbreche. Die Therapeutin fragt nach meinen Beschwerden, erklärt mir noch Näheres über die Abwicklung der Formalitäten und setzt mich auf die Warteliste.

Ich muß mich allerdings ein paar Monate gedulden, bis ich an die Reihe komme. Zwischendurch soll ich telefonischen Kontakt halten. Es wird für mich noch eine schwere Zeit sein bis zum Beginn der Therapie, und es wird noch einiges geschehen.

Erstgespräch

Frau Sommer kommt zum Erstgespräch. Sie macht einen ruhigen und freundlichen Eindruck auf mich, ernst und ein wenig in sich zurückgezogen.

Auf meine Einladung hin, Platz zu nehmen, wählt sie einen Sessel mit Blick zur Tür – Absicht?

Ich höre nicht nur den Worten meiner Klientinnen zu und beobachte ihr Verhalten, sondern ich versuche auch in ihre Gefühle hineinzuhorchen. Körperreaktionen und Bewegungen sprechen ihre eigene Sprache, die ich zu verstehen suche.

Bei der ersten Begegnung spüre ich meistens Aufregung, Unsicherheit und Spannung bei den Frauen, die zu mir kommen. Sie sehen sich allein nicht mehr in der Lage, mit ihren Problemen zurechtzukommen und suchen Hilfe. Manche versprechen sich ein Patentrezept für alle Schwierigkeiten und lernen erst allmählich, daß sie selbst an Lösungen arbeiten müssen. Fast alle neu ankommenden Frauen erwarten viel von einer Therapie und setzen ihre ganze Hoffnung darauf. Dennoch spüre ich bei ihnen auch immer eine Angst vor dem Unbekannten, das auf sie zukommt.

Vor dem Erstgespräch kennen sie mich nicht und haben in der Regel nur einmal mit mir telefoniert, als sie den Termin vereinbaten. Es ist von Bedeutung, ob es gelingt, ein Gefühl von Vertrauen zu mir aufzubauen, weil sie nur dann ihre tiefsten Ängste, Gefühle und Geheimnisse mit mir teilen können. Sie brauchen eine Begleiterin auf der Reise durch ihr Innerstes und alle dort verborgenen Schmerzen und Erinnerungen, um auf den Weg der Heilung zu gelangen. Am Ende der Reise stehen sie auf eigenen Füßen und sind in der Lage, selbst mit Situationen und Gefühlen umzugehen, sie brauchen meine Unterstützung dann nicht mehr.

Frau Sommer berichtet von der Migräne und den Depressionen, die sie seit Jahren quälen. Sie erzählt auch von ihrem eigenständigen Weg aus der Ergotamin-Abhängigkeit. Ich fühle Respekt für ihren Mut und ihre Konsequenz, mit denen sie nach Einsichten und Erkenntnissen auch entsprechend handelt. Trotz ihrer massiven Probleme hat sie eine Kraft in sich, mit der sie sich auch schon vor der Therapie vorwärtsgearbeitet hat. Sie ist motiviert und will den Ursachen ihrer Probleme auf die Spur kommen, auch wenn sie etwas Angst vor dem hat, was auf sie zukommen kann.

Bis auf meinen Respekt für ihren Weg aus der Abhängigkeit und für ihre Kraft spreche ich meine Gefühle nicht aus, sondern führe ein ruhiges, sachliches und eher organisatorisches Gespräch.

Ich weiß um die lange Wartezeit bis zum Beginn der eigentlichen Therapie und möchte keine Inhalte anreißen, die in ihr arbeiten könnten. Sie hätte dabei meine Unterstützung noch nicht zur Verfügung. Daher frage ich allgemein und kurz nach möglichen weiteren Problemen und Beschwerden und bespreche mit ihr den Ablauf der Therapie-Beantragung bei der Krankenkasse. Mit dem Versprechen, mich bei ihr zu melden, sobald ein Platz für sie frei ist, beende ich das Gespräch. Ich biete Frau Sommer noch an, mich zwischenzeitlich anzurufen, wenn sie das Bedürfnis verspürt zu wissen, wie lange es bis zum Therapiebeginn noch etwa dauern könnte.

Ein Vater, mein Vater

Anfang April 1990, während eines Kurzurlaubs, den ich mit meiner Familie im Harz verbringe, stirbt mein Vater am plötzlichen Herztod, er ist achtzig.

Es ist ein Segen für ihn, denn er hatte Krebs im fortgeschrittenen Stadium. Ich reise sofort zu meiner Mutter, um ihr in den Tagen vor der Beerdigung und auch danach beizustehen, als bei ihr eine Gürtelrose diagnostiziert wird.

Bei der Trauerfeier wird mein Körper vom Weinen geschüttelt. Ich komme nicht dagegen an. Wesentlich später werde ich verstehen, daß ich um einen Vater weine, den ich eigentlich nie hatte oder schon wesentlich früher verloren habe. Er hat zwar für meine Ernährung gesorgt, aber nicht für meine Seele.

Das Grab wird einer der wichtigsten Lebensinhalte meiner Mutter. Der Grabstein stellt ein aufgeschlagenes Buch dar. Es war mein Vorschlag, sie findet ihn gut. Bekannte wird sie haben auf dem Friedhof, sich austauschen und laufend für frische Blumen sorgen. Nein, keinen Baum und keinen Strauch, die Wurzeln gehen so tief. Es soll ein schönes Grab sein, er war ein so guter Mann. Jeder soll es sehen. Von nun an trägt er einen Heiligenschein.

Mein Vater hat immer betont, er sei kein Kindervater, er konnte mit Kindern nichts anfangen. Still mußten sie sein, machen, was er sagt. Keine Widerworte, kein Ausdruck von Widerspruch in der Mimik. In seinem Jähzorn hat er zugeschlagen, mit der Hand, mit dem Rohrstock oder mit dem Gürtel. Es war ihm gleich, und man war nie sicher vor seinen Ausbrüchen. Sein »deutsches Gretchen« sollte ich werden, so wollte er mich haben. Die blonden, geflochtenen Zöpfe um den Kopf geschlungen. So sollte ich aussehen, ihr Bild muß irgendwo in seiner Heimat gehangen haben.

Grauenhaft, mit diesen häßlichen, dünnen aschblonden Strippen mußte ich fast fünfzehn Jahre herumlaufen. Hosen waren auch verpönt, also keine langen Hosen. Ich habe so manchen vergeblichen Kampf dagegen geführt. Da war er hart und unerbittlich.

Das gab es nicht. Auch keine »Negermusik«. Nichts, was damals von Amerika herüberschwappte. Keinen tollen Elvis, keinen Rock 'n' Roll, keine Jeans mit Aufschlag und keine kontroversen Themen. Keine Feste mit Bekannten, ganz selten Besuch. Meine Freundinnen kamen immer nur einmal, mein Vater hatte die Angewohnheit, sie intensiv auszufragen. Der Beruf ihrer Väter und die soziale Stellung der Familie hatten eine immense Bedeutung für ihn.

Mir wurde auch nicht erlaubt, als Jugendliche Freizeitangebote mit anderen wahrzunehmen. Schullandaufenthalte wurden mir untersagt, statt dessen saß ich diese Zeit in einer fremden Klasse ab.

Die ganze neue Zeit wurde in unserem Haus einfach ignoriert. Und wehe, es lehnte sich jemand dagegen auf. Statt dessen gab es Marschmusik, Erlebnisse aus dem Krieg, aus der guten alten Zeit, aus der Heimat. Ich habe nie die ganze Wahrheit gehört, weder in der Schule noch zu Hause. Erst später habe ich mich hingesetzt und Sachbücher über das Dritte Reich verschlungen. Mit Gott hatte er es, in die Kirche mußten wir gehen. Die Bibel legte er in seinem Sinne aus, wie es ihm paßte. Ständig das gleiche Gebet bei Tisch – »Herr Jesu sei unser Gast und segne, was du uns bescheret hast« –, Tag für Tag, Jahr für Jahr bis zu seinem Tod.

Ein Mann voller Widersprüche. Meinem Bruder und mir gegenüber hart und unerbittlich. Weinerlich, wenn es um die eigenen Belange ging. Weinen auch bei Erinnerungen an den Krieg, bei »Alte Kameraden«, bitterlich weinend, zu Herzen gehend. Treu deutsch, innen und außen.

Ständig sich wiederholende Phrasen bei Diskussionen, die mir angst machten. Alles unter Hitler war ja nicht schlecht. Vieles haben wir ja nicht gewußt, aber die Autobahnen...! Und in der jetzigen Zeit könnten doch die Arbeitslosen eingesetzt werden zum Aufräumen der Wälder. Die wären dann schön sauber, und die armen Menschen wären beschäftigt. Von Zucht und Ordnung hielt er viel.

Vor der Ehe war er ein toller Hecht. Nackt durchs Dorf geritten ist er, es war eine Wette unter Freunden. Das waren noch Zeiten, ja, ja.

Warum hat sich meine Mutter diesen Mann ausgesucht! Ich habe es nie verstanden, sie kann sich unmöglich bei ihm wohl gefühlt haben. Und doch hat sie es.

Sie hat mir, glaube ich, beigebracht, wie man Kränze flicht, lehrte mich Gedichte, wie man strickt und stopft und daß Blumen eine Seele haben. Ich habe sie mit Feldblumensträußen überhäuft.

Seit ich denken kann, habe ich Achtung vor dem Leben und Leiden der Kreatur gehabt. Ich glaubte immer, meine Mutter litt vor sich hin. Heute weiß ich, sie fand alles richtig. War im Einklang mit sich und ihrem Mann. Nur einmal, erinnere ich mich, hat sie eingegriffen, weil sie dachte, er schlägt mich tot.

Ich war eine schlechte Schülerin. Mein Vater wollte mich einmal französische Vokabeln abfragen, damit ich besser würde. Ich sprach sie anders aus, als sie auf dem Papier gedruckt waren. Er hatte nie Französisch. Ich mußte grinsen, zeigte ihm wohl, daß ich ihn nicht für voll nahm. Er wurde entsetzlich wütend, in seinem Jähzorn schlug er auf mich ein, trat zu, als ich das Gleichgewicht verlor. Er kannte keine Grenzen.

Ich hatte nie ein herzliches Verhältnis zu ihm, und es gab auch keine liebevollen Umarmungen. Ich habe sie auch nie vermißt. Bis heute mag ich es nicht, wenn man mich berührt. Ich bekomme ein Gefühl der Panik dabei. Berührungen kann ich nur zulassen bei Leuten, die mir sehr vertraut sind, bei denen ich mich sicher fühle, und vorbehaltlos bei Kindern.

Nach der Beerdigung meines Vaters, bevor ich heimfahre, mache ich meiner Mutter das Angebot, zu mir zu kommen, bei uns das Osterfest zu verbringen. Sie lehnt es ab, möchte beim Grab bleiben. Mein Bruder nervt mich entsetzlich. Bei den Angelegenheiten, die nach der Beerdigung zu regeln sind, setzt er seinen Willen brutal durch. Er fragt erst gar nicht nach meiner Meinung, und wenn ich sie sage, ignoriert er sie.

Schmerzmittelabhängigkeit

Mein Zustand ist weiterhin unverändert schlecht. Ich funktioniere wie eine Marionette. Mir fällt alles entsetzlich schwer. Längst habe ich das Lachen verlernt. Die Depression ist in dieser Zeit mein ständiger Gast. Inzwischen kämpfe ich beinahe jeden Tag mit Kopfschmerzen und Übelkeit. Bin ich einmal schmerzfrei, habe ich statt dessen einen starken Druck im Gehirn. Jede Nacht wache ich in den frühen Morgenstunden mit gewaltigem Herzklopfen auf. Gepackt von großer innerer Unruhe, wälze ich mich im Bett hin und her, bis ich ganz zerschlagen aufstehe, kraftlos, mutlos, mit der Angst, den kommenden Tag nicht zu überstehen.
Mein Verbrauch an Schmerzmitteln steigt, aber es gelingt mir nicht mehr, meine Kopfschmerzen zu lindern. Ich gerate in einen Teufelskreis.
Durch Zufall lese ich eines Tages in einer Informationsschrift der Deutschen Schmerzhilfe den Bericht einer Patientin über ihre Schmerzmittelabhängigkeit. Sie nimmt das gleiche Medikament wie ich. Das rüttelt mich wach. Es ist so vieles wie bei mir. Nach diesem Strohhalm greife ich und rufe die Deutsche Schmerzhilfe an, deren Mitglied ich inzwischen geworden bin.
An diesem Vormittag führe ich mehrere Telefonate, und eine meiner Gesprächspartnerinnen, die meine Verzweiflung wohl spürt, gibt mir privat einen Tip.
So bitte ich in der Praxis von Dr. B. um einen Untersuchungstermin. Mein Mann nimmt sich einen Tag frei und begleitet mich nach Hamburg, denn ich traue mir nicht zu, selbst zu fahren. Mein Verdacht bestätigt sich. Ich bin von dem Schmerzmittel abhängig und habe eine Ergotaminvergiftung. Nach kurzer Beratung mit meinem Mann stimme ich dem Vorschlag des Arztes zur Entgiftung zu. Er verfügt über Belegbetten in einem kleinen Krankenhaus in seiner Nähe. Ich soll mit etwa vierzehn Tagen rechnen.
Nach gründlicher Untersuchung, Aufklärung und Vorbereitung stehe ich an einem schönen Sonntagnachmittag, Ende Mai, mit

meinem Köfferchen an der Hand und einem Bademantel über dem Arm vor der diensthabenden Schwester. Das Auto mit Mann, Sohn und Hund verschwindet hinter der nächsten Kurve.

Es ist Frühling, aber ich nehme ihn nur wie durch einen Schleier wahr. Ich kann mich nicht an seinem frischen Grün und an den ersten warmen Sonnenstrahlen erfreuen. Er macht mich frösteln. Hände, Füße und vor allem das Herz werden nicht mehr warm. Eisige Kälte hat sich breitgemacht. Ich bin ständig auf der Flucht vor den Kopfschmerzen, aber sie holen mich immer wieder ein.

Am Morgen habe ich das letzte Schmerzmittel genommen. Fest entschlossen, auch diese Zeit hinter mich zu bringen, gehe ich auf die Station. Das Pflegepersonal ist sehr freundlich und verständnisvoll.

Wir sind zu zweit und haben ein helles, sauberes Zimmer, in dem wir elf Tage lang alles gemeinsam überstehen werden. Die Entgiftung wird schwer, ist aber nicht so schlimm, wie ich befürchtet habe. Nach ein paar Tagen lassen Übelkeit, Kopfschmerzen, Frieren und Unruhe nach. Immer umsorgt von umsichtigen Schwestern, die die Anordnungen des sachkundigen Belegarztes gewissenhaft ausführen. Der Arzt sieht oft nach uns, sorgt sich um uns. Wir sind dankbar für all die Fürsorge, und sie tut uns gut.

Mit schwachen, etwas zittrigen Beinen mache ich mit meiner Leidensgenossin die ersten Spaziergänge im Krankenhaushof, dann in der näheren Umgebung. Der Kopf wird klarer, die Übelkeit verschwindet. Meine Tochter wohnt in Hamburg und besucht mich täglich. Für mich ist sie eine feste Stütze in diesen Tagen, sowohl innerlich wie auch äußerlich. Eine Sicherheit, auf die ich mich gerne verlasse. Sie überredet mich zu langen Spaziergängen in Parks mit Eisessen und zu Kneipenbesuchen im Regen. Es macht Spaß, obwohl ich eigentlich noch keine große Lust dazu habe. Ich genieße es, daß es mir langsam besser geht. Ich kann wieder lachen und Musik hören, zunächst noch zaghaft, als ob alles ein Traum wäre. Migräne stellt sich wieder ein, aber klarer, so wie früher, mit Pausen dazwischen zum Ausruhen.

Mein Mann holt mich ab. Ich bekomme Anweisung vom Arzt, wie ich mich zu verhalten, wie ich bei einem Migräneanfall die neuen

Tropfen zu nehmen habe. Ich führe meinen Migränekalender weiter, halte die Spezialdiät, mache mehr oder weniger sorgfältig warm-kalte Wechselduschen.

Ich bin wieder zu Hause. Mir geht es besser, aber ich wage nicht, daran zu glauben. Einige Tage verbringe ich in diesem herrlichen Zustand.

Ein Besuch bei meiner Mutter ist geplant. Ich will mit dem Auto zu ihr fahren. Die Migräne verstärkt sich. Bei der Hinfahrt habe ich noch einen Unfall. An einer Tankstelle fährt eine Schwedin plötzlich rückwärts in mein stehendes Auto. Sie hat weder mich gesehen noch die Autos hinter mir. Nachdem die Polizei den Unfall aufgenommen und von der Frau ein Bußgeld kassiert hat, fahre ich mit einem kaputten Scheinwerfer, einem etwas verschobenen Kotflügel und zittrigen Knien zur Autobahn-Raststätte, um mich erst einmal zu beruhigen. Ich übersehe eine Treppenstufe und schlage mir das Knie auf. Als ich mich gefaßt habe, fahre ich weiter.

Die Hälfte der Strecke habe ich hinter mir, etwa dreihundert Kilometer liegen noch vor mir. Auf der Autobahn herrscht reger Verkehr. Das dicke Knäuel in meinem Bauch will sich nicht auflösen. Sämtliche Sensoren habe ich ausgefahren, um ohne weiteren Schaden ans Ziel zu kommen.

Ich erreiche das Haus meiner Mutter, und Beklemmung macht sich in mir breit. Irgendwie riecht es immer noch nach meinem Vater. Mutter trägt schwer an der Trauer um ihren Mann, sie möchte ihm eigentlich folgen.

Ich muß wieder in den Ehebetten schlafen. Diesmal auf der rechten Hälfte, im Bett meiner Mutter. Sie schläft im Gästezimmer. Vaters Hälfte ist mit einer neuen Steppdecke abgedeckt.

Ich habe Migräne, und mir ist übel. Ich kann nicht einschlafen, finde keine Ruhe und wälze mich hin und her. Panik erfaßt mich, mein Herz klopft bis zum Halse, ich rotiere innerlich, jede Zelle meines Körpers scheint erbärmlich zu frieren. Ich halte es kaum noch aus in diesem Bett. Am liebsten würde ich weglaufen aus diesem Haus, fort von diesem Bett, von mir selbst.

Das rechte Augenlid zuckt wild. Drehe ich jetzt durch? Dieser grauenhafte Zustand dehnt sich bis in die frühen Morgenstunden aus. Nach ungefähr zwei Stunden Schlaf stehe ich völlig zerschlagen auf.

Es ist der achtzigste Geburtstag meiner Mutter.

Depression, dich kenne ich

Vierzehn Tage später fahre ich mit meiner Familie, einem Freund meines Sohnes und dem Hund in den lang geplanten Sommerurlaub nach Frankreich, in die Bretagne.

Das Wetter ist strahlend schön, Strand und Wasser begeistern uns, die Unterkunft ist schlecht. Schweine und Pferde sind unsere direkten Nachbarn, es stinkt fürchterlich. Die Fliegen scheinen zu Dutzenden immer genau auf unserem Eßtisch ihr Leben auszuhauchen. Des Rätsels Lösung ist eine kleine Platte an der Deckenlampe, sie muß mit Gift getränkt sein. Wir richten uns ein und machen das Beste daraus.

Unsere Tochter kommt für eine Woche zu Besuch, wir rücken zusammen. Mein Bruder ruft mich am Urlaubsort an und trägt mir auf, unsere Mutter täglich einmal anzurufen und mich nach ihrem Befinden zu erkundigen. Seine Familie habe das die erste Urlaubshälfte gemacht, und nun seien wir dran. Obwohl ich sehr erstaunt bin, erkläre ich mich bereit. Mutter geht es gut, unsere Karte hat sie schon bekommen.

Wir lernen Artischocken kennen und zubereiten, baden an menschenleeren Stränden oder klettern auf Felsen im Meer. Zwischendurch erkunden wir die Gegend mit dem Auto. Es scheint allen Spaß zu machen, sogar unserem Hund. Nur mir fällt alles entsetzlich schwer, ich friere ständig und habe oft Migräne über zwei bis drei Tage hinweg in unterschiedlicher Stärke. Meine Bewegungen sind schwerfällig, und ich bin oft weinerlich, fühle mich nicht dazugehörig. Es ist, als ob ich neben mir stehe. Mit der verordneten Medikation des Schmerzmittels komme ich nicht zurecht. Ich vertrage es nicht, gehe mit der Dosis herunter und versuche wieder einmal, mich zusammenzureißen. Die Tage erschlagen mich, alles scheint so sinnlos.

Lieber Gott, zieh doch endlich den Stecker aus der Dose, ich kann ganz bestimmt nicht weiter.

Bei einem Nachsorgetermin in Hamburg bemerkt auch der Arzt, daß ich stark depressiv bin. Darauf angesprochen, breche ich in Tränen aus. Ich weiß nicht mehr weiter, kann meinen Zustand nicht erklären. Ich bekomme Psychopharmaka verordnet und fahre mutlos nach Hause. Gleich nach meiner Rückkehr nehme ich erneut Kontakt zur Psychotherapeutin auf, ich habe nur noch diese eine vage Hoffnung. Die Therapie kann voraussichtlich in den nächsten Wochen beginnen. Ich stehe ganz oben auf der Warteliste. Plötzlich habe ich Angst, daß die Depressionen nicht heilbar sind. Irgendwo habe ich das gelesen, es geht mir nicht aus dem Kopf. Ich kann nicht immer in diesem qualvollen Zustand leben. Die Therapeutin ist anderer Meinung. Sie sagt, es liegt an mir, manchmal muß man Dinge verändern, und es kann sehr schmerzhaft sein. Sie gibt mir die Adresse von einem Neurologen, der mich einigen Tests unterzieht und mir ein Rezept für das Psychopharmakon gibt, das ich schon nehme.

Bei einem zweiten Termin wird mir das Ergebnis mitgeteilt. Ich habe keine Psychose. Wenn ich es richtig verstanden habe, leide ich unter einer neurotischen Depression, zusätzlich zur Migräne.

Auch nach wochenlanger Einnahme des Psychopharmakons wird mein Zustand nicht besser, nichts ändert sich. Die Müdigkeit wird nur noch stärker. Deshalb setze ich von mir aus die Tabletten ab.

Meine Krankenkasse hat mir auf Anforderung einen Antrag auf psychotherapeutische Behandlung zugeschickt. Nach Stempel und Unterschrift meines Hausarztes und meiner Therapeutin reiche ich ihn zur Bewilligung zurück.

Seit der Ergotaminentgiftung habe ich wieder Schmerzen an den Halswirbeln. Ich vermute, daß sie entzündet sind, kann den Kopf kaum auf die Seite drehen. Bei der Röntgenkontrolle stellt sich heraus, daß zwei Bandscheiben Verschleißerscheinungen aufweisen. Eine Spezialmassage durch eine Krankengymnastin hilft, die Schmerzen lassen nach einer Weile nach. In der Zwischenzeit schleppe ich mich von einem Tag zum anderen, liege oft auf dem Sofa, reiße mich immer wieder zusammen und versehe meine täglichen Pflichten, mehr schlecht als recht. Ich vegetiere stumpfsinnig vor mich hin, unterbrochen von den unvermeidlichen Migräneattacken. Manchmal weiß ich morgens nicht, wie ich den Tag überstehen soll. Unser Hund hilft mir. Er holt mich zum Spaziergehen, wenn ich mich am liebsten in einer dunklen Ecke verkriechen möchte.

Meine Schwiegermutter, einundachtzig Jahre alt, lebt in einer kleinen Stadt, fünfundzwanzig Kilometer von uns entfernt. Seit knapp drei Jahren fahre ich jeden Donnerstag zu ihr, um ihr bei der Hausarbeit zu helfen. Sie liebt es, mit mir zum Einkaufen zu fahren. Wenn sie zwischendurch Hilfe braucht, meldet sie sich telefonisch. Ihr Bekanntenkreis ist groß, und sie macht viele Veranstaltungen mit, ist ständig beschäftigt.

Bei diesen wöchentlichen Fahrten weiß ich manchmal gar nicht, wo ich die Kraft hernehme. Ich muß dann gegen die Versuchung ankämpfen, mit meinem Auto einfach mit Vollgas gegen einen Baum zu fahren.

Die Verzweiflung wächst, wird riesengroß.

Meine Mutter hat sich zu einem Besuch angesagt. Ich lerne von meiner Schwiegermutter, Patiencen zu legen. Dieses Kartenspiel will ich meiner Mutter beibringen, damit es ihre einsamen Tage verkürzt.

Kurz vor der Ankunft meiner Mutter muß unserem Hund eine Krebsgeschwulst am Bein entfernt werden. Er braucht täglichen Verbandswechsel und ständige Fellpflege, es geht ihm nicht gut.

Meine Mutter nimmt das Flugzeug, wir holen sie vom Flugplatz ab. In den Tagen bei uns ist sie geistig und körperlich in guter Verfassung. Sie ist sehr mit sich beschäftigt, von meinem Zustand merkt sie nichts. Die vierzehn Tage gehen ohne große Aufregung vorbei. Nach Hause zurückgekehrt, schildert sie mir einmal wöchentlich ihre kleinen und großen Sorgen. Sie spricht lange, ich höre zu. Mutter lebt sehr isoliert in ihrem Haus, aber sie möchte es so. Sie hat nur Kontakt zu ihrem Sohn und seiner Familie am gleichen Ort. Ein Gärtner kümmert sich um ihren Garten, ihren Haushalt macht sie noch allein.

Mein Verdacht

Die Krankenkasse hat die ersten fünfundzwanzig Therapiestunden für den Anfang bewilligt. Ich bin am Ende meiner psychischen und physischen Leistungsfähigkeit, als ich telefonisch den Termin für die erste Sitzung erhalte.

Mit zwiespältigen Gefühlen sehe ich diesem Tag entgegen. Ich will wissen, was es mit meinen Beschwerden aus psychologischer Sicht auf sich hat, und so entschließe ich mich, meiner Therapeutin gegenüber ehrlich und offen zu sein. Es wird schwer werden, mich ganz darauf einzulassen.

Seit ich mich zu diesem Schritt entschlossen habe, geistert ein Gedanke pausenlos in meinem Kopf herum, quält mich. Als Kind habe ich sexuellen Mißbrauch erlebt. Ich bin mir nicht sicher, ob ich ihn ansprechen soll. Vor etwa zehn Jahren habe ich das erste Mal geglaubt, Zusammenhänge zu sehen.

Mein Sohn war acht Jahre alt und sollte die Familie seines Onkels besuchen. Es ließ sich nicht umgehen, sein Cousin hatte seine Ferien schon bei uns verbracht. Er freute sich auch auf den Gegenbesuch. Mir war gar nicht wohl dabei, denn ich habe meinen Bruder noch nie gemocht, aber ich wollte den Kindern den Spaß nicht verderben.

Da ich selbst nicht aufgeklärt worden bin, habe ich meine beiden Kinder zeitig und umfassend aufgeklärt und ihnen beigebracht, sich nichts gefallen zu lassen. Sie haben gelernt, nein zu sagen zu Dingen, die sie nicht mögen. Darauf habe ich großen Wert gelegt. Beide sind keine »bequemen« Kinder.

Zu diesem Zeitpunkt hatte ich eine Kur eingereicht. Mich plagten damals Alpträume, die mich nachts hochschrecken ließen und die ich nicht zu deuten wußte. Ich hatte meine erste schwere Depression im Erwachsenenalter hinter mir, die etwa ein halbes Jahr angedauert hatte. Ich fühlte mich ausgebrannt. Damals dachte ich, kein Wunder, zwei Kinder und Beruf. Eigentlich hatte ich nie Zeit für mich. Bei einer Kur, hoffte ich, würde ich wieder neue Kraft schöpfen. Aber Alpträume und Migräne verfolgten mich auch da.

Ein Traum aus dieser Zeit: Ich fahre mit meinem Sohn im Auto aus der Stadt, in der wir wohnen. Ich schaue zurück und sehe mit Erschrecken, wie ein riesiger Schornstein ganz langsam in unsere Richtung fällt. Ich weiß, was immer ich auch versuche, er wird auf uns fallen. Ich möchte meinen Sohn schützen und gebe Gas in der Hoffnung, daß der obere Teil des Schornsteins uns nicht erschlägt. Naß vom Angstschweiß, wache ich auf. Das Herz klopft wild. Die Angst lähmt mich, obwohl ich jetzt weiß, daß es nur ein Traum war.

Ich kam ins Grübeln. Erinnerungen stiegen in mir auf und damit auch die an den sexuellen Mißbrauch, den ich erlebt hatte.

Den Gedanken daran habe ich nie ganz verdrängen können. Ich habe es immer vor mir selbst heruntergespielt, mir gesagt, es wird wohl nicht so schlimm gewesen sein. Es als Ausrutscher der Betreffenden entschuldigt. Und ich habe mit niemandem darüber gesprochen, selbst mit meinem Mann nicht.

Ein Verdacht regte sich in mir. Bewußt zwang ich mich dazu, mich an beide Mißbräuche zu erinnern. Einzelheiten erschienen wieder vor meinen Augen. In mir brodelte es. Gab es da Zusammenhänge, liefen da die Fäden zusammen?

Gegen Ende der Kur sprach ich das erste Mal mit jemandem über meine Befürchtung. Die Kurärztin hatte eine Zusatzausbildung in Psychologie. Plötzlich ließen sich meine Träume erklären. Auf meine Bitte hin schrieb sie in ihrem Bericht über mich nichts vom sexuellen Mißbrauch, nur von traumatischen Erlebnissen in der Kindheit.

Nach sechs Wochen Kur fuhr ich nach Hause und redete mir ein, ich hätte alles verarbeitet, weil ich darüber gesprochen hatte. Ich versuchte, gegen eine tiefe Resignation anzukämpfen, legte alles in die Schublade des Vergessens zurück und schob sie zu. Aber der Schrank war übervoll, es quoll hervor, und die Schubladen gingen immer wieder auf. Es gab keinen Schlüssel dafür.

Einen Tag vor meiner ersten Therapiestunde setzt wieder einmal
eine starke Migräneattacke ein.
Pünktlich zwinge ich mich zum verabredeten Termin, mir ist übel,
und in meinem Kopf arbeitet ein Preßlufthammer.
Ich sitze auf Sitzelementen in einem gemütlichen Raum und warte.
Zwei große Matratzen fallen mir sofort ins Auge. Eine lehnt mit
der Längsseite aufrecht an der Wand, und die andere liegt auf dem
Fußboden davor.
Während ich warte, versuche ich, die Fassung zu behalten, und
reiße mich zusammen. Die Therapeutin erscheint, begrüßt mich
freundlich und bietet mir Tee an. Nach einigen einleitenden Sätzen werde ich nach meiner Lebensgeschichte befragt.
Schon bei den ersten Sätzen fange ich an zu weinen – ein Strom
ohne Ende. Ich verbrauche Berge von Taschentüchern in den ersten Stunden und auch später.

Therapiebeginn am 8. 1. 91

Ein regelmäßiger Therapieplatz ist frei geworden, und Frau
Sommers Therapie kann beginnen. Sie ist froh und erleichtert
über meinen Anruf, denn sie hat während der Wartezeit weiter
gelitten.
Zunächst definiere ich die Grenzen des Therapieraums: Niemand wird während der Stunden diesen Raum betreten. Frau
Sommer wird die Tür vor jeder Sitzung öffnen, um einzutreten,
und der Raum wird verschlossen bleiben, bis sie ihn selbst wieder verlassen will. Es gibt kein Telefon, und Raum und Zeit gehören ihr allein für die Dauer einer Sitzung. Jede Entscheidung
im therapeutischen Prozeß wird von ihr selbst getroffen. Alle
Anregungen von meiner Seite sind als Angebote zu verstehen –
letztendlich entscheidet immer sie, ob sie sie annehmen oder
ablehnen möchte.
Zum Therapiebeginn spreche ich mit meinen Klientinnen über
ihre Lebensgeschichte, lasse sie frei erzählen und stelle Fragen
zu Inhalten, über die ich etwas wissen möchte.
Frau Sommer berichtet von ihrer dunklen Kindheit, in der es von

den Eltern keine Wärme und Unterstützung gab. Ich sehe ein stilles kleines Mädchen vor mir, das sich bemüht, es allen recht und keine Fehler zu machen und sich mit aller Kraft und Sensibilität in die Erwachsenen einzufühlen, um sich vor Strafen und unberechenbaren Wutausbrüchen zu schützen. Wie Frau Sommer es schildert, scheint der Vater Situationen zu provozieren, in denen er einen Grund finden kann, in heftigen Prügelaktionen seine Aggressionen an ihr abzureagieren. Vor meinem inneren Auge sehe ich einen Mann voller innerer Anspannung und Gewalt, die er hemmungslos an Schwächeren ausagiert.

Als Frau Sommer erzählt, kommen ihr immer wieder die Tränen. Sie spürt die Verletzungen der Kindheit, als wären sie gestern gewesen, und spricht selbst aus, daß sie ihre Kindheit nicht verarbeitet hat. Sie hat versucht, sie zu überstehen und zu überleben. Dann hat sie das Elternhaus bei der ersten Gelegenheit verlassen, die sie für sich sah.

Es berührt mich, wie sensibel sie bei allem geblieben ist. Sie hat ihre Gefühle bewahrt und nicht abgetötet. Ihre Sensibilität hat es ihr ermöglicht, ihr Leben später so zu gestalten, wie sie es für gut und richtig befand. Sie hat ihre eigenen Kinder gefühlvoll und mit Respekt für ihre Unversehrtheit erzogen, statt sie so gewaltsam zu behandeln, wie sie es selbst erlebt hatte. Sie hat sich von der Gewalt des Vaters und der Hilflosigkeit der Mutter distanziert und ihr eigenes Leben mit warmen Gefühlen in die Hand genommen. Zu ihrem Mann hat sie im Laufe der Jahre eine gute und vertrauensvolle Beziehung aufgebaut. Er ist anders als ihr Vater, und sie selbst ist anders als ihre Mutter, die sich dem Vater unterworfen hatte, statt die Kinder vor seiner Gewalt zu schützen.

Stationen meines Lebens

1944 bin ich in Schlesien während eines Bombenangriffs geboren worden. Zehn Monate später mußte meine Mutter mit einer alten Tante, meinem fast achtjährigen Bruder und mir im Kinderwagen in einem Flüchtlingstreck fliehen. Grauenvolles hatten sie auf der Flucht zu überstehen. Hunger und strenge Kälte machten ihnen zu schaffen. Viele Tote lagen am Straßenrand, unter anderem viele erfrorene kleine Kinder in ihren Kinderwagen.

Eingemummelt in Federbetten, hungrig, wegen der Kälte ohne Möglichkeit, frisch gewickelt zu werden, habe ich diese Strapazen einigermaßen heil überstanden. Als ich das erste Mal zu frischen Windeln kam, sah meine Mutter einen hochwunden Po, der mächtig blutete.

Währenddessen war mein Vater als Soldat an der Front. Nach einer Kriegsverletzung teilte man ihn einer Einheit zu, die eilig verscharrte tote Kameraden in frische Gräber umbetten mußte.

Meine Eltern ließen ein Süßwaren- und ein Schuhgeschäft sowie ihren ganzen Besitz zurück.

Das erste Bild meines Vaters taucht in meiner Erinnerung bei seiner Rückkehr aus dem Krieg auf. Ein für mich fremder Mann hatte mich auf dem Schoß. Meine Mutter fragte mich, ob wir ihn je wieder gehen lassen würden? Als ich bejahte, bekam ich Ärger. Er blieb und bestimmte von nun an unser Leben.

Uns wurde eine Unterkunft in einem riesigen Eckhaus in einer großen sächsischen Stadt zugewiesen. Einen Kindergarten habe ich dort nie besucht. Die Schule zwei Jahre lang, bis wir 1952 flüchteten. Mit der Reichsbahn über Berlin in den Westteil der Stadt. Mein Vater hatte durch einen Arbeitskollegen von seiner bevorstehenden Verhaftung erfahren.

Politische Gründe waren ausschlaggebend, die später auch anerkannt wurden. Verwandte in Berlin-Schöneberg, an die ich mich aber nicht mehr erinnere, nahmen uns für kurze Zeit auf. Mit dem Flugzeug wurden wir von Berlin-Tempelhof nach Baden-Württemberg gebracht. Es folgte eine lange Irrfahrt durch verschiedene Baracken in Flüchtlingslagern und mehrere Mietwohnungen.

Ich hatte kein eigenes Bett. Jahrelang mußte ich nachts von den Ehebetten meiner Eltern auf die Schlafcouch im Wohnzimmer überwechseln. Erst als mein Bruder eine Ausbildung anfing, bekam ich sein Zimmer. Im Flüchtlingslager teilte ich mit meiner Mutter ein Feldbett.

Nach einer wundervollen, leider zu kurzen Zeit ohne Schulbesuch kam ich wieder in die Grundschule. Danach besuchte ich ein Gymnasium. Die Schulzeit war der absolute Horror für mich, ich war eine sehr schlechte Schülerin. Mein Grauen vor dieser Zeit ist grenzenlos. Meinen Schulweg hatte ich die ersten Jahre mit der Bundesbahn zu bewältigen, später mit dem Bus. Weder hatte ich die passende Kleidung noch die geeigneten Lernmittel. Meine Mitschüler waren ausnahmslos gut situiert, und ich war als Flüchtling ein Außenseiter. Wie sehr habe ich mich geschämt. Zwischendurch und noch einmal am Ende der Schulzeit blieb ich sitzen. Eine hoffnungslose Zeit. Da ich nach dem Abschluß meiner Berufsausbildung sämtliche Zeugnisse vernichtet habe, kann ich nur vermuten, wann ich das erste Mal sitzenblieb, etwa mit fünfzehn Jahren. Mit einem katastrophalen Zeugnis in der Tasche, wanderte ich verheult und mutlos durch die Stadt. Es kam mir so vor, als sei ich der schlechteste, dümmste und wertloseste Mensch auf Gottes Erdboden, untauglich, im Leben zu bestehen. Es war mir kein unbekannter Zustand. Nur, warum war das so? Was war mein Anteil daran? Nach Hause wollte ich auf keinen Fall. Nicht noch die Reaktion meiner Eltern über mich ergehen lassen müssen! Ich mußte mit Schlägen, Wutausbrüchen, Zorn und anschließender Nichtachtung rechnen. Das kannte ich zur Genüge. Nicht das noch!

Lange umkreiste ich den Dom unserer Stadt. Sollte ich mich von oben hinunterstürzen oder mich auf die Schienen legen? Vor kurzem hatte die Schülerin einer Parallelklasse eine Flasche Rotwein ausgetrunken und sich von einer Burgruine gestürzt. Alles war so trostlos. Wie sollte ich weiterleben? Wo sollte ich hin? Waren es Stunden, die ich verzweifelt durch die Stadt stromerte, um eine Lösung zu finden? Zu einer Verzweiflungstat fehlte mir zum Glück der Mut. Lange würde es ja nicht mehr dauern, bis ich mein

Leben selbst führen konnte. Noch ein bißchen stillhalten und ein wenig Geduld.

Mit fünfzehn Jahren bekam ich Gelbsucht und kurierte diese im Krankenhaus aus. Hier sah ich plötzlich eine Möglichkeit, mein Zuhause mit Beginn des siebzehnten Lebensjahres verlassen zu können. Ich hatte das Gefühl, dem Wahnsinn entronnen zu sein, und wurde Krankenschwester. In der Ausbildung lernte ich meinen Mann kennen. Nach dem Examen wurde ich schwanger. Wir heirateten.

Viele Erinnerungen an meine Kindheit und Jugend hatte ich nicht. Manche Ereignisse allerdings sind für mich jederzeit abrufbar, in meine Gedanken eingebrannt. Erst mit Beginn der Therapie habe ich wieder angefangen, mich an weitere Einzelheiten zu erinnern. Ich bin in einem Käfig aufgewachsen. Die Gitterstäbe hießen Verbote, Gebote, Schläge, Strafen, Kontrolle, Armut, Kälte und Ablehnung. Den Spruch von den goldenen Kinderjahren habe ich nie verstanden.

Kind sein bedeutete für mich, Dauerstreß zu erleben, gegen den ich mich nicht wehren konnte. Ich war dem Gehorsam verpflichtet. Was Gleichaltrige durften, war mir nicht erlaubt.

Heute glaube ich, daß mir Schläge und Armut nicht soviel ausgemacht haben wie der psychische Streß und der sexuelle Mißbrauch. Noch als erwachsene Frau habe ich meine Eltern vor mir und anderen in Schutz genommen. Sie hatten es schwer im Krieg und in der Zeit danach, mit all diesen Erlebnissen. Sicher hatten sie aus ihrer Sicht nur mein Bestes gewollt, mir auch eine preußische Erziehung zukommen lassen wollen. Nie hatte ich trotz allem ihre Liebe zu mir – oder was ich dafür hielt – in Frage gestellt. Erst viel später, mit fünfunddreißig Jahren, während besagter Kur, wird mir ganz plötzlich bewußt, daß es Kinder gibt, die unter ähnlichen schwierigen Lebensbedingungen ein liebevolles Zuhause und eine schöne Kindheit haben. Die von ihren Eltern als Leihgabe Gottes betrachtet werden, aber nie als persönlicher Besitz. Sie werden von den Eltern geführt, ja, aber in einer angstfreien Atmosphäre. Sie haben in ihrem Heim einen Schutzraum, in dem sie sich auf ein eigenständiges Leben vorbereiten können.

Ich will es wissen

Inzwischen habe ich über Stationen in meinem Leben berichtet und Zwischenfragen beantwortet.

Dann nehme ich mein Herz in beide Hände, es klopft mir bis zum Hals. Ich muß es ansprechen. Ich berichte vom sexuellen Mißbrauch in der Kindheit. Von dem meiner Oma an mir bei einem Besuch bei uns, als ich etwa fünf bis sechs Jahre alt war, kurz vor Beginn der Schulzeit. Sowie einem weiteren durch meinen Bruder in der Zeit zwischen dem zehnten und zwölften Lebensjahr. Einen Versuch zu einem späteren Zeitpunkt habe ich durch Abschließen der Tür vereitelt.

Der Therapeutin gegenüber spreche ich meine Vermutung aus, daß all meine Schwierigkeiten, und es gibt eine ganze Menge davon, damit zusammenhängen. Ich weiß noch nicht, wie, möchte es aber wissen und verstehen. Ich habe Angst, mit jemandem darüber zu sprechen, und auch Angst davor, »es« irgendwo niedergeschrieben zu sehen. Angst vor meinem Bruder und seinen unkontrollierten Ausbrüchen. Angst, Angst, Angst... Sie ist riesengroß!

Die Frau, die mir aus meiner tiefen Krise helfen soll, die Therapeutin, erwartet in ein paar Monaten ein Kind. Ich habe Skrupel, sie und damit auch ihr Kind mit Einzelheiten des Mißbrauchs zu belasten, und spreche das aus.

Sie beruhigt mich und sagt mir, daß sie die Vermutung des sexuellen Mißbrauchs aufgrund der Lebensgeschichte schon gehabt habe.

Ob ich sicher bin, daß ein sexueller Mißbrauch durch meinen Vater nicht stattgefunden hat? Ja, da bin ich ganz sicher. Schläge und Erniedrigungen ja, aber das ganz sicher nicht. Nicht bei ihm, bei diesem Vater, der zugab, kein Kindervater zu sein, mit Kindern nichts anfangen zu können. Von dem die Leute auf den ersten Blick beeindruckt waren, weil er auffiel, groß und stattlich von Gestalt, mit vollem, dunklem, später schlohweißem Haar.

Dieser Vater konnte auf Leute zugehen, hatte schnell Kontakt mit ihnen, fragte sie aus, manipulierte sie, war rechthaberisch, intolerant und sehr selbstbewußt. Schauspielern konnte er gut und organisieren.

Dieser Vater, der, wenn ich mich recht entsinne, im Kirchenvorstand war, mit sich und Gott eins, der immer das Gebet am Mittagstisch sprach und als Soldat Grauenvolles erlebt hatte. Er wollte aus uns Kindern bessere Menschen machen. Zu uns hielt er Distanz. Oft schlug er zu, jährzornig und blind für die Bedürfnisse seiner Kinder.

Von Außenstehenden muß er bald durchschaut worden sein. Meine Eltern hatten keine persönlichen Freunde oder engeren Bekannten, die zu uns ins Haus kamen, sich wohl fühlten, blieben und wiederkamen. Ich kann mich an keine erinnern.

Sie hatten auch genug mit sich selbst zu tun. Den Tag teilte sich meine Mutter auf zwischen Haushalt und Handarbeiten. Arbeiten gehen durfte und wollte sie auch nicht, nur für ihren Mann dasein, der völlig in seinem Beruf aufging und zu Hause mit seinen Beschwerden und deren Pflege ausgelastet war. Ein echter Macho von den Haarspitzen bis zu den Fußnägeln, von der Sorte, von der, so hoffe ich, es heute nicht mehr viele gibt. Die meiste Zeit damit beschäftigt, alle Familienmitglieder mit irgendwelchen meiner Meinung nach meist unnötigen Aufgaben und Anordnungen in Atem zu halten. Die psychische Spannung, die in der Familie herrschte, habe ich schon als Kind wahrgenommen, und sie hat mich sehr bedrückt. Die Fähigkeiten seiner Frau pries er, in angemessenen Abständen und in ihrer Hörweite, in den höchsten Tönen. Völlig überzeugt davon, ohne sie und ihre Fürsorge nicht leben zu können.

Ich war ein schrecklich nervöses Kind, voller Hemmungen und Minderwertigkeitsgefühle. Bei jeder Kleinigkeit errötete ich und wurde unsicher. Ich konnte mich nicht konzentrieren und hatte Denkblockaden. Noch heute knabbere ich an den Fingernägeln, bis sie schmerzen. Magersüchtig war ich, hatte Kreislaufbeschwerden und häufig Ohnmachtsanfälle. An Bauchschmerzen, Blasenentzündungen mit Blut und Juckreiz und eitrigen Anginen jährlich – bis zur Mandelentfernung im Alter von dreiundzwanzig Jahren – kann ich mich erinnern. Ständige Müdigkeit, übermäßiges Schlafbedürfnis, ein immer wiederkehrendes Gefühl des »So-nicht-mehr-leben-Wollens« in der Kindheit zeigt mir heute, daß ich schon damals stark depressiv gewesen sein muß. Mit Sicherheit war ich ein problematisches Kind und ein schwieriger Teenager.

Später, als erwachsene Frau, muß ich ständig dagegen ankämpfen, nicht zur verschlossenen Einzelgängerin zu werden. Klaustrophobie und Alpträume machen sich breit. Mit Nähe und Vertrauen habe ich große Probleme, sehr suspekt ist mir die körperliche Nähe meiner Mitmenschen. Wen nimmt es da Wunder, daß »Liebe machen«, sprich Sexualität, nicht unbedingt meine Lieblingsdisziplin ist?

25. 1. 91

Frau Sommer kommt mit starker Migräne in die Therapie. Sie sagt gleich zu Beginn, daß sie sehr unter Druck stehe. Sie wolle über schwierige und belastende Dinge sprechen, die sie bisher noch niemandem erzählt habe: über sexuellen Mißbrauch. Ich spüre, wie sie meine Reaktion auf ihre Worte beobachtet. Hat sie Angst, ich würde ihr nicht glauben oder dieses Thema wegwischen? Dann wieder scheint es, als sei es ihr wiederum auch gleichgültig, wie ich reagiere. Sie muß es einfach loswerden.

Wieder spüre ich Achtung vor ihrem Mut, dieses Thema gezielt und aktiv anzusprechen. Viele Frauen erzählen von ihren Mißbrauchserfahrungen, wenn ich sie im Rahmen der Lebensgeschichte direkt danach frage. Sie wissen dann durch meine Frage, daß ich offen für dieses Thema bin. Manche empfinden es als Einladung an ihre Seele, sich zu öffnen und tief verborgene und belastende Geheimnisse preiszugeben in der Hoffnung, Unterstützung zu finden.

Manche Frauen benennen den sexuellen Mißbrauch als Grund für den Therapiebeginn, wenn sie zum Erstgespräch kommen. Sie wissen schon, daß es vor allem diese Erfahrungen sind, die sie krankmachen. Sie haben bereits den Zusammenhang zwischen ihren Erlebnissen und den Problemen verstanden. Frau

Sommer scheint diesen Zusammenhang noch nicht so direkt zu sehen, aber doch schon zu erahnen. In letzter Zeit hat sie sich sehr für Vorträge über sexuellen Mißbrauch interessiert und sich über ihre emotionale Betroffenheit dabei gewundert. In der Zeit seit der letzten Sitzung hat sie sich entschlossen, mir alles zu erzählen, was sie an Belastendem in der Kindheit erlebt hat — auch den sexuellen Mißbrauch.

Vielleicht zeigt diese Offenheit den Beginn eines Vertrauensverhältnisses an. Möglicherweise ist es aber eher noch ein verzweifelter Sprung ins kalte Wasser, und sie setzt alles auf eine Karte, geht vorwärts, wo sie das Gefühl hat, sie müßte es tun. Meine ruhige Reaktion scheint ihr gut zu tun, auch meine Worte, ruhig zu weinen und die Tränen nicht herunterzuschlucken, denn Weinen erleichtere.

Sie erzählt von sexuellem Mißbrauch durch die Oma und durch den Bruder. Sie erinnert sich klar und deutlich an die Erlebnisse und an die Alterszeiträume, in denen sie geschehen sind. Ich fühle mit ihr, sehe das kleine Mädchen vor mir, bleibe ruhig und gebe ihr beruhigende Wärme mit meinen Worten.

29. 1. 91

Frau Sommer hat viel über den sexuellen Mißbrauch in ihrer Familie nachgedacht. Sie sieht nicht nur die Folgeerscheinungen bei sich, sondern auch die Schwierigkeiten ihrer Nichte, der Tochter des Bruders. Sie erinnert sich an Gedanken, die sie sich schon vor längerer Zeit um die Nichte gemacht hat, an eine Pilzerkrankung im Genitalbereich, die diese als Jugendliche gleichzeitig mit dem Vater hatte. Es ist durchaus denkbar, daß der Bruder nicht nur Frau Sommer, sondern auch seine eigene Tochter sexuell mißbraucht hat.

Täter handeln nur selten einmalig, sie wiederholen den sexuellen Mißbrauch und suchen sich neue Opfer. Es handelt sich nicht um Ausnahmen oder einmalige Verfehlungen, sondern um eine grundsätzliche Form der Machtausübung. Der Täter reagiert seine eigenen Aggressionen und Spannungen an seinem Opfer ab. Seine Gewalt richtet sich gegen die Schwächeren der Gesellschaft, gegen Frauen und Kinder.

Es wäre eher erstaunlich, wenn Frau Sommers Bruder seine eigene Tochter nicht sexuell mißbraucht hätte. Er hätte sich dazu mit sich und seinem Verhalten auseinandersetzen und Lösungen für seine Probleme finden müssen, statt sie an Schwächeren auszuagieren. Aus Frau Sommers Schilderung geht eine solche Veränderung des Bruders nicht hervor. Sein Verhalten ist nach wie vor durch Gewalt in vielen Bereichen geprägt. Er ist rücksichtslos und egoistisch und zeigt typische Elemente einer Täterstruktur.

Frau Sommer ist entsetzt über diese Informationen und kann es sich nicht vorstellen. Vielleicht will sie es auch nicht für möglich halten, weil dieses Gefühl zu schmerzhaft wäre. Sie hat immer gedacht, er hätte sie mißbraucht und es dann nie wieder getan. Das ist jedoch nach allen fachlichen Erkenntnissen unwahrscheinlich.

Ich spüre Frau Sommers Schmerz, und es tut mir leid, ihr diese Informationen geben zu müssen. Ich tue es dennoch, weil ich es für wichtig halte, der Wahrheit auf die Spur zu kommen und Illusionen abzubauen. Frau Sommer hat die Vermutung selbst geäußert, daß auch die Nichte betroffen sein könnte, und es wäre falsch, sie zu beruhigen, wenn es nicht meiner Überzeugung entspricht.

Viele mißbrauchte Frauen kommen mit Illusionen und falschen Vorstellungen in die Therapie. Sie haben sie in der Regel zum Überleben gebraucht. Heute verstellen ihnen diese Fehlinterpretationen den Weg zur Heilung.

Eine Frau mag beispielsweise denken, sie selbst habe schuld, daß sie sexuell mißbraucht wurde. Wenn sie selbst die Schuld trägt, kann der Vater nicht schlecht sein, und sie hat es nicht besser verdient, als von ihm mißbraucht zu werden. Damit vermeidet die Frau den Schmerz darüber, daß gerade der Vater, der für ihren Schutz und ein gesundes Aufwachsen hätte sorgen müssen und den sie geliebt hat, ihr diese Schädigungen zugefügt hat.

Frau Sommer hat mit dem Gedanken, der Bruder habe sicherlich nur sie mißbraucht, weitere schmerzhafte Beobachtungen und Erkenntnisse vermieden. Zweifelnde Gefühle wie bei der Pilzinfektion der Nichte konnte sie dadurch schnell beiseite schieben. Dennoch hat Frau Sommer eine starke Kraft und einen vorwärtsdrängenden Willen in sich, die es ihr ermöglichen, trotz ihrer Angst vor schmerzhaften Erkenntnissen nach der Wahrheit zu suchen und Fragen zu stellen.

Sie will es wissen. Ihre Gedanken arbeiten weiter. Sie erschrickt bei dem Gedanken, daß ihre eigenen Kinder einige Male in den Ferien bei der Familie des Bruders zu Besuch waren. Sie erinnert sich, daß sie trotz des Unvorstellbaren zuvor sorgsam mit den Kindern gesprochen und sie gebeten hat, sich von dem Onkel fernzuhalten und sich sofort zu melden, wenn es Probleme gäbe. Sie hat sie aber nicht auf die direkte Gefahr eines sexuellen Mißbrauchs hingewiesen. Frau Sommer ist unruhig und hat Angst, daß auch ihre Kinder vom Bruder sexuell mißbraucht worden sein könnten.

Ich rate ihr, das Thema mit der erwachsenen Tochter und dem sechzehnjährigen Sohn vorsichtig anzusprechen und sie nach den Besuchen beim Onkel zu fragen. Beide sind alt genug, um über das Thema nachzudenken.

Frau Sommer macht sich Vorwürfe, die Kinder überhaupt zum Bruder gelassen zu haben. Sie erinnert sich an einen französischen Jungen, der sich nach einem Besuch in der Familie des Bruders umbrachte. Vielleicht erlitt er Schaden durch den Bruder, vielleicht hatte es aber auch völlig andere Hintergründe. Fragen über Fragen, die sich nicht in der Therapie, sondern nur durch Gespräche mit den Beteiligten klären lassen.

Ich versuche, Frau Sommer die beginnenden Schuldgefühle zu nehmen. Als sie die Kinder zum Bruder fahren ließ, wußte sie über sexuellen Mißbrauch nicht das, was sie heute weiß. Sie hat die Kinder gewarnt, soweit es ihrem Wissen und ihrer Sorge entsprach. Ich frage sie, ob die mißbrauchende Oma die Mutter des Vaters oder der Mutter war. Es war die Großmutter väterlicherseits. Ich stelle die Möglichkeit in den Raum, daß diese Oma auch Frau Sommers Vater sexuell mißbraucht haben könnte. Ihr Bruder wurde in der Kindheit mit Sicherheit ebenfalls von einem Erwachsenen sexuell mißbraucht, sonst hätte er nicht dasselbe als Pubertierender mit seiner Schwester getan. Ein Mißbrauch an anderen Kindern ist nicht nur ein Symptom, sondern ein sicheres Zeichen, daß das mißbrauchende Kind zuvor selbst sexuell mißbraucht worden ist. Ich stelle die Frage in den Raum, ob vielleicht auch der Vater Täter gewesen sein könnte. Nein, das bestimmt nicht, sagt Frau Sommer. Er habe geschlagen und sei schlimm gewesen, aber das nicht.

Sie hat ihrem Mann von den sexuellen Mißbrauchserlebnissen in der Kindheit erzählt, und er hat mit Verständnis reagiert. Ich freue mich darüber, denn ich weiß, wie sehr Frau Sommer bei der therapeutischen Verarbeitung Unterstützung im engen privaten Umfeld benötigen wird. Es ist sehr wichtig, daß der Partner sensibel und respektvoll ist, wenn sie alle Verletzungen der Vergangenheit spürt. Sie wird in vielerlei Hinsicht mit ähnlichen Gefühlen reagieren wie früher. Manche Frauen bekommen Angst vor jedem Mann, vor jeder Form von Berührung, besonders vor sexuellen Kontakten.

Frau Sommer hatte seit der letzten Sitzung häufiger Migräne als vorher. Ich beruhige sie und erkläre, daß in der ersten Zeit der Therapie die Symptome vermehrt auftreten, weil die Arbeit an ihren Ursachen beginnt. In dieser Phase erzähle ich meinen Klientinnen gern die Geschichte vom Wächter und der Höhle, um bei ihnen Verständnis für ihre Überlebensstrategien zu wekken:

»Ich stelle mir vor, daß unverarbeitete Erlebnisse und Gefühle aus der Kindheit irgendwo im Körper in eine Höhle verbannt werden mit dem Hinweis, daß sie dort bleiben und nicht wieder herauskommen sollen, weil die Frau sie nicht ertragen kann. Vor die Höhle wird ein großer Stein gerollt. Und davor wird zur Sicherheit ein Wächter gesetzt, der die Aufgabe bekommt, darauf zu achten, daß nichts aus der Höhle herauskommt. Der Wächter ist ein Bild für die Symptome. Er akzeptiert die Aufgabe und führt sie ständig aus. Sobald Situationen oder Gefühle auftreten, die an die versteckten Situationen und Gefühle in der Höhle rühren und erinnern, wird der Wächter aktiv und verhindert ein Annähern an das Höhleninnere: Das Symptom beginnt zu arbeiten. Wenn nun im Zusammenhang mit einer

Psychotherapie unverarbeitete Erlebnisse aufgearbeitet werden sollen, ist es notwendig, diese in der Höhle befindlichen Erlebnisse und die damit verbundenen Gefühle anzusehen, um ein Wiedererleben, eine Reorganisation und ein Überprüfen für das Erwachsenenalter und damit eine Verarbeitung zu ermöglichen. Sobald die Frau mit ihrer Therapeutin jedoch am Stein vor der Höhle rüttelt und Einblick ins Höhleninnere nehmen will, fühlt sich der Wächter an seine alte Aufgabe erinnert und versucht, die Höhle wieder zu verschließen. Je näher die Frau dem Höhleninneren kommt, desto heftiger arbeitet der Wächter. Das bedeutet, daß bei einem beginnenden Therapieprozeß die Symptome sogar noch heftiger werden können als vor Therapiebeginn.« (Zitat aus meinem Buch »Körperorientierte Psychotherapie nach sexueller Gewalt«, siehe Literaturliste S. 191).

5. 2. 91

Wir beenden das Sammeln von Informationen aus Frau Sommers Lebensgeschichte. Sie berichtet von Schuldgefühlen, sich nicht schnell genug um die Tochter gekümmert zu haben, als diese Keuchhusten hatte. Sie sei um ein Haar daran gestorben. Erst da habe sie gemerkt, wie sehr sie das Kind liebte; vorher habe sie es versorgt, ohne viel dabei zu fühlen.
Sie erinnert sich, daß die Migräne nach der Geburt der Tochter begonnen hat. Es muß einen Zusammenhang geben, welchen, wird sich im Laufe der therapeutischen Arbeit zeigen. Wenn sie Migräne habe, schildert Frau Sommer, fühle sie sich innerlich so kalt und habe außerdem Magenschmerzen.
Ganz zum Ende der Erhebung der Lebensgeschichte frage ich nach Schwierigkeiten im sexuellen Bereich, überlasse es aber den Klientinnen, ob sie antworten möchten. Erfahrungsgemäß werden sie nach einer längeren Therapiedauer von allein offener für dieses Thema und sprechen es selbst an. Sie haben dann Vertrauen in die gemeinsame Arbeit gewonnen und verspüren das Bedürfnis, auch in diesem Bereich an Verbesserungen zu arbeiten.

Frau Sommer erzählt, daß es ihr schwerfällt, sich im sexuellen Bereich zu entspannen. Sexualität müsse es für sie nicht unbedingt geben, und oft könne sie sich nur entspannen, wenn sie vorher Alkohol trinke.

Die Zeitbombe beginnt zu ticken

Die ersten Therapiestunden sind noch nicht regelmäßig. Sobald ein Termin, aus welchen Gründen auch immer, frei wird, nehme ich ihn wahr. Jedesmal reagiere ich auf die bevorstehende Stunde mit Migräne und Übelkeit. Bleierne Müdigkeit, innere Leere und tiefe Traurigkeit begleiten mich ständig, die Depression beherrscht mich. Ich muß viel Geduld mit mir haben, denn in meinem Befinden hat sich noch nichts geändert.

Jedesmal vor den ersten Stunden zwinge ich mich zur Therapie, immer noch würde ich am liebsten an dem Haus vorbei und einfach weiterfahren. Aber ich will ja, daß sich mein Zustand bessert. So ist mir schon bewußt, daß ich mitarbeiten und meinen Teil dazu beisteuern muß. Mit der Anzahl der Stunden steigt auch mein Vertrauen in die Arbeit meiner Therapeutin.

Ich habe mich inzwischen auf Vorgänge in mir eingelassen, von denen ich am Anfang gar nicht so ganz überzeugt war. Die Erfahrung, daß meine Therapeutin in so vielem recht hat, hilft mir dabei. So glaube ich ihr jetzt, wenn sie mich zu überzeugen versucht, daß gerade dieser eine Schritt für mich wichtig ist, ich vertraue ihr bei der Einschätzung einer Person oder wenn sie eine Vermutung äußert.

Es gibt aber auch Situationen, in denen ich mich gegen bestimmte Einsichten erst innerlich und dann auch offen zur Wehr setze. Der erste mutige Schritt, den ich wage: Ich erzähle alles meinem Mann. Sein Erstaunen ist groß, aber so manches an mir kann er nun besser verstehen.

Außerhalb der Therapie wird er zu meiner größten Stütze. Mit ihm spreche ich nach jeder Stunde über das Gehörte. Vieles können wir uns jetzt, so unfaßbar es im Augenblick auch noch für uns ist, erklären. Durch diesen Prozeß gelange ich zum tieferen Verstehen. Er sieht manche Zusammenhänge klarer. Ich habe das Glück, mit seiner Mitarbeit und Hilfe rechnen zu können.

Es ist auch für ihn keine leichte Zeit. Noch achten wir darauf, daß unsere Gespräche von unseren Kindern nicht mitgehört werden können, oder nutzen ihre Abwesenheit. Abschriften von Gutachten, die ich bekomme, zerreiße ich nach dem Lesen in kleine Schnipsel und spüle sie die Toilette hinunter. Bücher, die ich zum Thema lese, lasse ich nicht offen herumliegen. Immer noch sind wir darauf bedacht, daß keiner außer uns die wahren Hintergründe erfährt. Wir wollen alles für uns klären, damit ich gesund werde.

Daß dies nicht machbar ist, ahnen wir nicht. Und es ist gut so. Die Zeitbombe tickt. Sie ist, ohne daß ich es weiß, auf Herbst 1991 eingestellt.

Januar 1991. Der Krieg am Golf zwischen den Alliierten und dem Irak ist ausgebrochen. Mit Angst und ungläubigem Staunen verfolge ich die zensierten Bilder, die per Bildschirm in unser Wohnzimmer flimmern. Es sieht alles so sauber aus, man sieht keine Toten. Und doch ahnt man dahinter die große Zahl an Opfern, die es geben muß. Als der Krieg nach sechs Wochen endet, brennt etwa die Hälfte der tausend Ölquellen in Kuwait.

In der Psychotherapie bekomme ich eine Vielzahl an Informationen über sexuellen Mißbrauch, Mißbrauch im allgemeinen und Machtstrukturen sowie Grundsätzliches zu vielen Fragen, die ich habe. Langsam fange ich an, die Zusammenhänge in meinem Leben zu begreifen. Mit Hilfe der Therapeutin füge ich bei meinem Lebenspuzzle ein Teil zum anderen.

Wenn das wahr ist, was ich erfahre, machen mir logischerweise auch die Konsequenzen angst, die sich daraus ergeben.

Daß es verschiedene Täter waren, läßt sich erklären. Ich lerne, daß Täter gleichzeitig auch Opfer gewesen sein können, daß sie aber für ihre Taten die volle Verantwortung übernehmen müssen. Mir wird klarer, woher meine Beschwerden kommen. Die Fragezeichen werden weniger, der Knoten beginnt sich langsam zu lösen. Heute weiß ich, daß meine Angst, wahnsinnig zu werden, begründet war. Meine Selbstheilungskräfte und mein wachsendes Vertrauen in mein Gefühl haben mich davor bewahrt.

Die Auseinandersetzung mit meinem Leben fällt mir in der ersten Hälfte der Therapie besonders schwer, die Erkenntnisse schmerzen. Bücher begleiten mich von Anfang an. Bei Therapiebeginn lege ich oft das betreffende Buch eine Zeitlang beiseite, bis ich es wieder schaffe, weiterzulesen. Es kostet mich Überwindung. Mich berührt das alles sehr. Ich erkenne mich in so vielem wieder. Eines der ersten beeindruckenden Bücher, die ich lese, ist der Erfahrungsbericht einer Mutter. Später verschlinge ich alles, was ich zu diesem Thema auftreiben kann. Versuche zu verstehen.

Die erste Auswirkung auf meine Gesundheit macht sich bemerkbar. Die Depression verändert sich! Ich versuche, sie bewußt wahrzunehmen. Sie ist nicht mehr gleichmäßig, sondern mal schwächer, mal wieder stärker. Ebenso die Migräne! Ganz kleine, zarte Anzeichen, aber so ermutigend.

Der Winter geht vorbei. Mit dem Frühjahr kommen nicht nur das wunderschöne frische Grün der Bäume und die ersten warmen Tage, sondern auch meine Pollenallergie. In den nächsten Wochen laufe ich wieder einmal mit verquollenem Gesicht herum, die Haut juckt, und die Nase läuft. Auch das geht vorbei.

Meiner Mutter gegenüber mache ich vorsichtig eine Andeutung, daß und warum ich mit einer Psychotherapie begonnen habe. Sie äußert sich sehr zurückhaltend, weiß wohl nicht so richtig, was sie davon halten soll. Noch vor ein paar Monaten hat sie mir jede finanzielle Unterstützung angeboten, falls die Krankenkasse nicht zahlt. Ich sollte alles unternehmen, was mir hilft. Ich war damals sehr gerührt. Heute weiß ich, eine Psychotherapie hat sie mit Sicherheit nicht gemeint.

Die Therapie begleitet nun wie selbstverständlich einmal wöchentlich für 50 Minuten mein Leben. Die Stunden, in denen ich, die meiste Zeit mit den Tränen kämpfend, im Sessel gesessen, erzählt, gefragt und zugehört habe, scheinen vorbei zu sein. Viele Fragen bleiben vorerst auch offen; auf sie werde ich später eine Antwort finden.

Die Arbeit auf der Matratze beginnt.

Mir ist etwas mulmig, als ich meine Brille ablege und die Schuhe ausziehe. Ich habe wieder einmal Migräne. Die Therapeutin schlägt mir vor, mich mit dem Raum vertraut zu machen. Ich gehe umher, betrachte alles und setze mich dann nach einer Weile auf die Matratze.

So weit, so gut. Ich suche den für mich besten Platz darauf aus. Die Psychologin erklärt mir im Ansatz, was auf mich zukommt. Die Matratze sieht so harmlos aus; völlig arglos lege ich mich hin. Mit dem Kopf zur Tür und den Füßen zum Fenster. So schlimm wird es schon nicht werden.

Ich versuche, mich zu entspannen. Das ist gar nicht so einfach. Mein Bauch knurrt, und mein Kopf will explodieren. Das Gesicht zuckt, die Augenlider zittern stark.

Die Therapeutin arbeitet mit einer speziellen Atem- und Entspannungstechnik. Sie stellt geduldig Fragen, ist sehr einfühlsam. Sie weiß, was auf mich zukommt.

Ich achte auf meinen Körper, will mich ganz darauf einlassen, ihm vertrauen und auf ihre Fragen antworten. Es fällt mir schwer, die Augen geschlossen zu halten. Es gelingt mir nicht, Tränen fließen. Ich erinnere mich an den ersten Mißbrauch durch die Oma. Bildfetzen tauchen auf. Ich muß die Augen öffnen.

Die Therapeutin schlägt mir einen Therapievertrag vor. Sie meint, es kann manchmal hilfreich sein, wenn sie mich leicht mit der Hand berührt, um den kommenden Prozeß damit zu unterstützen. Falls ich aber vermute, daß ich auf ihre Berührungen mit Panik reagiere oder sie als unangenehm empfinde, kann ich mich auch für ihren Beistand ohne direkte Berührung entscheiden. Wir einigen uns darauf, daß sie mich vor jeder Berührung fragt, ob sie mich anfassen darf. Dieser Vorschlag hat nichts Bedrohliches für mich, und ich willige ein.

Auch in der nächsten Stunde zittern die Augenlider wieder. Ich kann es nicht verhindern. Weshalb ist das so? Wir wollen es ergründen. Bilder erscheinen vor meinem inneren Auge, und die Tränen fließen erneut.

Oma ist schon uralt. Kommst du mal zu mir? Weißt du, wie eine erwachsene Frau unten aussieht, wenn sie ihren Schlüpfer auszieht? Hast du deine Mutter schon mal so gesehen? Nein! Ich bekomme ein komisches Gefühl im Bauch und gehe trotzdem neugierig zu ihr. Ich habe ja gelernt, augenblicklich zu gehorchen. Nun muß ich mich zu ihr ins Bett legen. Sie hat ihr Nachthemd hochgeschoben, ich soll sie anfassen. Tue so, als höre ich die Aufforderung nicht. Plötzlich spüre ich ihren Finger bei mir in der

Scheide. Ich bin sehr verwirrt, habe Angst und gucke weg. Ich höre ihre Stimme. Ist das schön, das magst du doch. Ich mag es aber gar nicht, nur nicht hinsehen. Irgendwie schafft sie es, daß ich meinen Finger nun auch bei ihr in die Scheide stecken muß. Noch heute spüre ich die harten Schamhaare und ekele mich vor dem wabbeligen, warmen, feuchten Pudding, in den ich meinen Finger stecken muß. Ein Finger reicht ihr nicht, zwei muß ich nun nehmen. Ihre große Hand legt sich auf meine kleine und schiebt sie rein und raus. Rein, raus, du mußt das schneller machen. So macht man das. Die Oma atmet so schnell und so komisch. Diese Oma mag ich überhaupt nicht mehr, bekomme Angst vor ihr. Es ist alles so ekelig und wabbelig. Mir ist gar nicht wohl, das ist mir alles unheimlich.

Endlich hört es auf. Du darfst Mami und Papi nicht erzählen, was du da gemacht hast, sonst mußt du ins Kinderheim. Ich bin mächtig verwirrt und eingeschüchtert.

Erst Jahre später wird mir so richtig bewußt, was sie seinerzeit mit mir gemacht hat. Allerdings war mir schon damals klar, daß es etwas Unrechtes gewesen sein mußte. Zu diesem Zeitpunkt geht sie mit mir zum Fotografen. Das Bild hat meine Mutter noch heute. Auf dem Foto sieht man ein kleines Mädchen sitzen, herausgeputzt mit einem Kleid und einem riesigen Propeller im Haar und den ungeliebten Zöpfen. In dieser Zeit erzählt sie mir das Märchen vom Klapperstorch. Da ich noch eine Schwester haben möchte, lege ich Zuckerstückchen oder etwas Süßes auf die Fensterbank. Der Storch holt es jedesmal. Ein Geschwisterkind bringt er aber nicht. Mit der Erinnerung an den Mißbrauch fangen jedesmal meine Beine an zu zucken, ich kann sie nicht still halten. Meine Füße bewegen sich. Ich will weglaufen, es geht nicht. Etwas hält mich fest.

Jetzt, heute auf der Matratze, mit Hilfe der Psychologin, bewege ich die Beine, laufe weg mit den Füßen. Mit siebenundvierzig Jahren schaffe ich es endlich, wegzulaufen.

Ich kann nicht mehr liegen. Schnell komme ich hoch. Ganz benommen wische ich mir die Tränen aus dem Gesicht. Meine Taschentücher sind schon längst verbraucht. Ein Glück, die Therapeutin hat ständig einen frischen Vorrat bereitliegen.

Ungläubig schaue ich auf die Matratze. Dieses Erlebnis war doch nicht neu für mich, es hat mich doch seit meiner Kindheit begleitet. Ständig bereit, wenn ich nicht aufpaßte, vor meinem inneren Auge zu erscheinen. Diesmal war es mir, als ob ich es wirklich noch einmal erlebt hätte.

Es fällt mir schwer, mich auf die Stimme im Raum zu konzentrieren, die Gegenwart hat mich noch nicht ganz wieder.

Ich behalte von dem, was gesagt wird, nur, daß ich mir in den nächsten Tagen nichts Besonderes vornehmen soll. Ich soll gut mit meinem Körper umgehen, ihm vielleicht ein warmes Bad gönnen oder sonst etwas zur Entspannung. Es könnte sein, daß noch mehr auftaucht. Ich weiß nicht so recht, was damit gemeint ist. Ich kann anrufen, wenn ich die Hilfe meiner Therapeutin brauche. Diese Möglichkeit zu haben tut gut, läßt vorläufig keine Angst aufkommen.

Als ich den Therapieraum verlasse und mich verabschiede, glaube ich, alles gut überstanden zu haben. Auf was ich mich da eingelassen habe, ahne ich nicht im geringsten. Mir ist nicht einmal der Ansatz des Gedankens in den Sinn gekommen, daß ich mehr als zwei sexuelle Mißbräuche erlebt habe.

Das war ein Denkfehler.

Verdrängen hieß für mich immer, das, was geschehen war, noch zu wissen, aber zu versuchen, nicht mehr daran zu denken. Nun mußte ich lernen, daß zum Überlebensprozeß eines mißbrauchten Kindes gehören kann, das Geschehene einfach vor sich selbst zu leugnen und es tatsächlich auszuradieren.

Es erinnert sich nur an das, womit es meint, weiterleben zu können. Unter bestimmten Umständen kann sein Unterbewußtsein wieder reaktiviert werden, und es kann das Geschehene wieder hervorholen. Wichtig ist es dann, Hilfe zu bekommen, um das so Zurückgerufene verarbeiten zu können.

Frau Sommer hat mit beiden Kindern über ihre Sorge gesprochen, daß der Bruder sie sexuell mißbraucht haben könnte. Die Kinder haben den Kopf geschüttelt, es hat keine Übergriffe gegeben. Frau Sommer ist erleichtert. Es geht ihr insgesamt psychisch schon etwas besser, weil sie klare Ursachen und Zusammenhänge ihrer Schwierigkeiten erkennen und spüren kann. Sie fühlt sich ihren Problemen nicht mehr völlig ausgeliefert, sondern sieht eine Möglichkeit, Einfluß darauf zu nehmen.

Die Erhebung der Lebensgeschichte ist beendet, und nun beginnt die eigentliche therapeutische Arbeit. Um sich auf die intensive Form der körperorientierten Psychotherapie einlassen zu können, brauchen die Frauen ein Gefühl von Vertrauen zu mir und von Sicherheit und Vertrautheit mit dem Raum. Ich bitte sie daher zu Beginn der Arbeit, im Raum umherzugehen und sich umzusehen. Wenn sie dann im Liegen auf der Matte und mit geschlossenen Augen arbeiten, wissen sie im Inneren, daß sie in einem vertrauten und sicheren Raum sind. Wenn eine Frau während der therapeutischen Arbeit Angst vor dem bekommt, woran sie sich erinnert und was sie gerade fühlt, braucht sie nur die Augen zu öffnen und kann sich wieder sicher fühlen.

Frau Sommer reagiert erstaunt auf meinen Vorschlag, im Raum umherzugehen, und ist unschlüssig, wieweit sie diese Sicherheit wirklich benötigt. Sie beschließt, es zu versuchen, geht umher und setzt sich auf die Matte. Verwundert stellt sie fest, daß sie sich aus der Sicht ihres Verstandes im Raum und mit mir völlig sicher fühlt, ihr Gefühl aber plötzlich Alarmsignale aussendet. Sie spürt ein Sicherheitsbedürfnis im Kopf, das sagt: »Wachsam! Wachsam!« Ihr Darm reagiert mit Geräuschen, die Anspannung signalisieren.

Nun beginnt das Kennenlernen konkreter Methoden. Ich schlage Frau Sommer vor, sich vorzustellen, sie könne mit diesem Sicherheitsbedürfnis sprechen. Sie fragt und horcht auf eine Antwort des Gefühls.

Natürlich ist es real nicht möglich, mit einem Gefühl zu sprechen oder so zu tun, als sei es ein fremdes Etwas in einem selbst.

Diese Form des Gespräches mit Gefühlen oder auch mit Körperregionen ermöglicht eine innere Distanzierung von ihnen und damit einen klareren Blick darauf. Wenn ein Gefühl oder eine Körperregion auf die Frage antwortet, beantwortet die Frau ihre eigene Frage letztlich selbst aus einem inneren Wissen heraus, das ihr zuvor nicht zugänglich war oder das sie bisher nicht ernst genommen hat.

Frau Sommer spürt eine Antwort auf die von mir vorgeschlagene Frage, seit wann sich das Sicherheitsbedürfnis in ihrem Kopf befindet: seit dem sexuellen Mißbrauch durch die Oma. Zuvor war sie sorgloser und unbekümmerter. Als sie diesen Zusammenhang spürt, entspannt sich ihr Körper. Gefühl und Körper sind bei Frau Sommer gut aufeinander eingestimmt, beide reagieren gleichzeitig.

Das ist nicht unbedingt selbstverständlich. Viele sexuell mißbrauchte Frauen spalten ihre Gefühle und / oder ihre Körperwahrnehmungen ab, um die Übergriffe nicht so intensiv fühlen zu müssen. Sie nutzen diesen Spaltungsmechanismus als Überlebensstrategie.

Als nächsten Schritt zur Gewöhnung an die Therapiemethode schlage ich Frau Sommer vor, die Augen im Sitzen zu schließen. Sofort beginnen die Augenlider heftig zu zittern. Wieder schlägt ihr Körper Alarm: Mit geschlossenen Augen hat sie weniger Kontrolle über ihre Umgebung. Frau Sommer stellt fest, daß ihr Alarmsystem bei ihr bekannten Personen viel schneller reagiert als bei Fremden. Der Zusammenhang mit ihren Mißbrauchserlebnissen ist deutlich: Ihr Vertrauen zu nahen Bezugspersonen wurde zerstört, und sie hat gelernt, sich vor bekannten Personen in acht zu nehmen. Indirekt zeigt mir ihre Reaktion, daß sie mich inzwischen zu den ihr bekannten Personen zählt. Eine therapeutische Beziehung beginnt sich zu entwickeln.

Um ihr die dringend notwendige Sicherheit in der Beziehung zu mir zu geben und ihrem Sicherheitsbedürfnis zu vermitteln, daß ich ihre Grenzen nicht überschreiten werde, schlage ich ihr einen Therapievertrag vor.

Es gibt dazu verschiedene Möglichkeiten. Der Vertrag kann beinhalten, daß ich sie im Verlauf der Therapie überhaupt nicht berühren werde, wenn sie diese Voraussetzung braucht. Immer wieder kommen Frauen in die Therapie, die durch den körperlichen Übergriff beim sexuellen Mißbrauch einen derart massiven Schock davongetragen haben, daß sie panisch auf jede Berührung reagieren. Berührungen können dann nicht als helfende und heilende Mittel eingesetzt werden, sondern die Frau braucht eine lange Zeit der Zusammenarbeit, um allmählich Vertrauen gewinnen zu können. Daß Berührungen auch angenehm sein können, muß erst erarbeitet werden.

Dann kann der Therapievertrag auf Wunsch der Frau verändert werden. Eine Weiterentwicklung kann darin bestehen, daß ich sie vor jeder Berührung frage, ob ich sie anfassen darf. Dabei benenne ich den Körperbereich, den ich berühren möchte, um den Therapieprozeß zu fördern.

Berührungen sind eine grundlegende Technik der körperorientierten Psychotherapie, um Körperregionen, Atmung und Gefühlsausdruck zu unterstützen und zu erleichtern. Eine körperorientierte Arbeit kann jedoch auch ohne eine direkte Berührung durchgeführt werden. Körperregionen und ihre Reaktionen können verbal angesprochen werden, und die Frau kann angeregt werden, selbst die passenden Bewegungen oder Berührungen bei sich auszuführen.

Ich habe noch keine Frau mit sexuellen Gewalterfahrungen kennengelernt, die ein positives und gesundes Verhältnis zu Körperberührungen hatte. Wenn eine betroffene Frau meint, ich könne sie jederzeit und überall berühren — sexuelle Körperregionen sind grundsätzlich ausgeschlossen —, werde ich besonders vorsichtig. Dieses kann nämlich bedeuten, daß die Frau sich nicht mehr gegen Berührungen schützen kann, weil sie es gewohnt ist, daß andere darüber bestimmen, wann und wo sie angefaßt wird. Mit einer solchen Frau baue ich zunächst Körpergrenzen auf. Dabei lernt sie, allmählich zu spüren, wo ihre Körpergrenzen liegen, welche Berührungen sie mag und welche sie nicht ertragen kann. Erst dann schließe ich mit ihr einen Vertrag über therapeutische Berührungen.

Frau Sommer wählt für ihren Therapievertrag, daß ich sie vor Berührungen jeweils fragen soll.

Als Anregung für die Zeit bis zur nächsten Therapiestunde gebe ich ihr mit auf den Weg, auf den Unterschied zwischen den Reaktionen ihres Verstandes und denen des Gefühls zu horchen und sich mehr an ihrem Gefühl zu orientieren als bisher. Ziel ist eine gute Zusammenarbeit zwischen Gefühl und Verstand. Frau Sommer hat ihr Überleben mit dem Verstand gesichert, er ist sehr ausgeprägt. Wenn sie mehr auf ihr Gefühl hören lernt, bekommt dieser Bereich mehr Beachtung und kann sich entfalten.

Eine Anregung für den Alltag gebe ich fast immer mit auf den Weg. Therapie soll nicht im luftleeren Raum stattfinden. Veränderungen, die durch Erkenntnisse in der Therapie ermöglicht werden, werden so auch in den Alltag getragen.

27. 2. 91

Aus der vorhergehenden Stunde ist die Frage nach den genauen Hintergründen des Augenzitterns offengeblieben. Frau Sommer legt sich auf die Matte und schließt die Augen. Die Lider zittern sofort wieder. Als Methode biete ich ihr ein Gespräch mit den zitternden Augenlidern an, weil sie diese Technik bereits kennt und damit in der vorhergehenden Sitzung leicht Informationen über ihren Körper und ihr Gefühl gewinnen konnte.

Die Augen – und damit Frau Sommers Inneres – antworten, daß sie nicht geschlossen sein wollen, weil sie dann nicht alles sehen können. Frau Sommer erinnert sich sofort an den sexuellen Mißbrauch durch die Oma, der im Bett stattfand. Die Oma rief sie morgens in ihr Bett, und Frau Sommer mußte sich zu ihr legen. Ich frage danach, was die Oma Frau Sommer konkret zugefügt hat. Die Augen – und damit Frau Sommer selbst – möchten nicht gern darüber sprechen. Ich biete an, zunächst mit irgendeiner Situation zu beginnen und zu erzählen, was ihr einfällt. Dieses Angebot soll den deutlich vorhandenen Widerstand gegen die Schilderung von Einzelheiten verringern, indem Frau Sommer sich völlig frei darin fühlt, was sie erzählen möchte.

53

Oft fällt es einer Frau schwer, über die Einzelheiten des Mißbrauchs zu sprechen. Sie schämt sich und fühlt sich schuldig an dem Vorgefallenen. Dazu kommt häufig ein Schweigegebot des Täters, das ein offenes Aussprechen des Geschehenen erschwert. Die Frau benötigt Zeit und Vertrauen, um irgendwann auch über Einzelheiten sprechen zu können. Das Aussprechen ist ein wichtiger Bestandteil der Verarbeitung, weil das Schweigegebot des Täters überwunden werden muß. Weiterhin ist es wichtig für die Frau, eine positive Reaktion ihres Gegenübers bei einem Bericht über die Einzelheiten zu erleben. Oft spürt sie in sich die Angst aus der Kindheit, man glaubt ihr nicht oder macht sie für das Geschehene verantwortlich. Eine warme und mitfühlende Reaktion ihres Gegenübers wirkt heilend und hilft ihr dabei, die Schuld- und Schamgefühle abzubauen. Signale von Interesse und Offenheit ihren Erlebnissen gegenüber machen ihr Mut. Gleichzeitig braucht sie das Gefühl, sich Zeit lassen und selbst darüber entscheiden zu können, wann sie Einzelheiten erzählen möchte.

Die Offenheit, die keinerlei Druck enthält, ermöglicht es auch Frau Sommer, mit dem Sprechen zu beginnen. Die Oma hat eine Hand des Kindes auf ihre Scheide gelegt. Frau Sommer erschrak und ekelte sich davor, die Oma so anzufassen. Frau Sommer beginnt jetzt heftig zu weinen, sie spürt ihre Gefühle aus der Kindheitssituation erneut, als geschähen sie jetzt. Innerlich erlebt sie die Situation noch einmal. Auch ihr Körper reagiert heftig, besonders die Füße bewegen sich. Ich frage, was die Füße gern tun würden.

Diese Frage bewegt sich zur Reorganisation der Kindheitssituation hin: Die ehemals verzweifelte Situation braucht ein positives Ende. Die Füße möchten weglaufen. Ich ermutige Frau Sommer, die Füße auf der Matte so zu bewegen, als liefe sie schnell weg. In der Therapiesituation erlebt sie nun, was in der Kindheit notwendig und hilfreich gewesen wäre: Flucht und Rettung. Der positive Ausgang der ehemals traumatischen Situation ist für den Heilungsprozeß grundlegend wichtig. Wird in der Therapiesituation kein positives Ende entwickelt, erlebt die Frau die Hölle ihrer Kindheit noch einmal, aber ohne einen

Gewinn in Form beginnender Heilung daraus ableiten zu können.

Während sie ihre Füße schnell auf und ab bewegt, spürt Frau Sommer die Hände der Oma noch überall auf ihrem Körper. Sie macht ihren Kopf zu, wie sie es bezeichnet, um nichts zu merken. Hier ist der erste Hinweis auf die Migräne. Den Kopf zumachen half dabei, den Mißbrauch zu überleben. Der Preis, den sie dafür bezahlt hat, bestand in starken Anspannungen des Kopfes, die chronisch wurden und schließlich zur Migräne führten.

Ich schlage zur Reorganisation weiter vor, der Oma laut zu verbieten, sie zu berühren, und Frau Sommer spricht dieses Verbot aus. Im Wiedererleben der Mißbrauchssituation jetzt in der Therapie nimmt die Oma ihre Hände tatsächlich von ihrem Körper, denn Frau Sommer spricht ihre Worte massiv aus. Sie spürt dabei ihre Kraft als erwachsene Frau, die sich derartige Berührungen heute sofort verbitten und sich heftig wehren würde.

Die Erinnerung an die Einzelheiten des Mißbrauchs geht weiter: Frau Sommer mußte als Kind die rechte Hand in die Scheide der Oma schieben und darin hin- und herbewegen. Die Bewegungen mußten immer schneller werden, und die Oma stöhnte. Frau Sommer weint und schüttelt sich vor Ekel. Alles, was sie bisher zur Reorganisation im Verlauf des Wiedererlebens schon versucht hat, setzt jetzt unwillkürlich ein: Die Füße laufen weg, und sie stößt die Oma mit Worten und mit ihren Armen von sich. Zum Wegstoßen biete ich ihr meine Arme als Widerstand an. Sie kann dagegendrücken und ihre Kraft spüren.

Ich sehe, daß Frau Sommer ihren Gefühlen und Körperreaktionen noch nicht völlig freien Lauf läßt. Sie behält immer noch ein Stück Kontrolle über die Situation, die sie zu ihrer Sicherheit benötigt. Ihre Reaktionen waren aber für den Beginn der Körperarbeit schon recht intensiv.

Sie fühlt sich am Ende der Sitzung besser und erleichtert. Diesmal gebe ich ihr mit auf den Weg, diese Erfahrungen ganz in Ruhe sacken zu lassen und zu verarbeiten.

Ein Kissen bedroht mein Leben

Das kommende Wochenende, Samstag und Sonntag, sind schon seit Wochen verplant. Unsere Tochter hat uns ein Wochenende in Hamburg spendiert. Ich kann und will es nicht mehr rückgängig machen. Eine tolle Suite in einem der besten Hotels der Stadt und zwei Karten für das Musical »Cats«. Sie hat alles bestens organisiert, man merkt, sie ist vom Fach. Bis vor kurzem hat sie noch in diesem Hotel gearbeitet.

Alles vom Feinsten. Gekühlter Sekt und Blumen bei unserer Ankunft. Wir wollen es genießen, doch ich merke gleich, es ist nicht meine Welt. Die Leute, die uns hier begegnen, haben Geld. Den meisten sieht man es an. Im Aufzug schaue ich in viele unbeteiligte, gelangweilte Gesichter. So sieht man aus, wenn man es gewohnt ist, mit viel Geld umzugehen. Mit fassungslosem Erstaunen erfahre ich den Übernachtungspreis, der, auffällig unauffällig, neben der Tür hängt. Mein Mann hat vor etwa dreißig Jahren im ganzen Monat soviel verdient, wie man normalerweise für eine Nacht zu zweit in dieser Suite zahlt. Ich muß es einfach noch erwähnen: ohne Frühstück. Das erscheint zusätzlich auf der Rechnung. Diese Welt ist mir fremd.

Als Kind bin ich mit dem Zug in die nächste Stadt gefahren, um für meinen Vater Versicherungsgelder zu kassieren. Für zehn Pfennig pro Kunde bin ich von Haus zu Haus und von Wohnung zu Wohnung gelaufen. Ich kann mich nicht entsinnen, je Taschengeld bekommen zu haben. Hunger und Kälte habe ich so massiv am eigenen Körper gespürt, daß es mir heute unmöglich ist, derart im Überfluß zu schwelgen, ohne vor mir die greisenhaften Gesichter hungernder afrikanischer Kinder auftauchen zu sehen und mich an ihre Not zu erinnern.

Inzwischen habe ich begriffen, daß ich nicht das Leid der ganzen Welt auf meinen Schultern tragen kann. Früher habe ich oft mit Gott gehadert, der, falls es ihn gibt, solche Ungerechtigkeiten zuläßt. Nicht durch die Kirche habe ich meinen Glauben wiedergefunden, sondern ziemlich spät mit etwa fünfunddreißig Jahren durch die Beschäftigung mit Parapsychologie und Esoterik. Durch sie habe ich die einzig möglichen Erklärungen für alles Unrecht dieser Welt gefunden. Ich glaube wieder an eine Macht, die stärker ist als wir Menschen, Gott, Allah, Jahwe, Buddha oder wie immer sie auch genannt wird.

Da ich weiß, wie wenig meine Tochter hier in diesem Superhotel verdient hat, habe ich Achtung vor dem freundlichen und aufmerksamen Hotelpersonal, von der Rezeption bis zum Service. Sie dürfen für wenig Verdienst viel leisten.

Nach dem Besuch der Aufführung von »Cats« haben wir Hunger, wir gehen noch in ein Lokal auf der Reeperbahn. Ich friere erbärmlich, den ganzen Tag über fühle ich mich schon nicht besonders wohl. Im Hotel nehme ich dann ein heißes Bad. Wir trinken ein Glas Sekt, dann gehen wir zu Bett. Noch lange drehe ich mich unruhig von einer Seite auf die andere. Meine kalten Füße hindern mich am Einschlafen, ich kann nicht warm werden. Endlich schaffe ich es doch.

Es muß mitten in der Nacht sein. Ich ringe nach Luft. Ein Gefühl, als ob ein Kissen auf mein Gesicht gedrückt wird. Voller Panik schlage ich um mich. Ich habe Todesangst und ein Gefühl, oral mißbraucht worden zu sein, mein Mund und mein Hals sind klebrig, und die Haut spannt an diesen Stellen. Plötzlich sehe ich das Kissen in kurzer Entfernung vor mir. Es ist blau-weiß geblümt. Ich schrecke hoch, werde richtig wach und weiß nicht, wo ich bin. Mein Körper ist schweißnaß, mir ist übel, ich muß würgen. Ich habe fürchterliche Kopfschmerzen, wahnsinnige Angst, und mein Herz rast wie wild. Die Arme schmerzen wie bei einem Muskelkater. Füße und Hände kribbeln stark. Mein Mann versucht mich zu beruhigen, es gelingt ihm nicht. War es ein Alptraum? Es kam mir so bekannt vor. War es das, was sich in meinem Körper, in meinem Kopf nachts abspielte? Für einen kurzen Augenblick war alles so deutlich. Kam in dieser Nacht die Erinnerung?

Keine Luft zu bekommen, ersticken zu müssen, Herzrasen, Übelkeit und Angst, das war es, wovon ich in den letzten Jahren nachts oder am Morgen wach wurde, wenn die Migräneattacken einsetzten.

Als diese Anfälle häufig und stark waren, hatte ich abends Angst, ins Bett zu gehen. Angst vor der kommenden Nacht. Nun ahne ich die Zusammenhänge, will es aber noch nicht wahrhaben. Wie gelähmt sitze ich im Bett; ich bin ganz durcheinander. Die Migräne ist sehr heftig; ich schiebe die Gedanken von mir weg. Erst in den Morgenstunden döse ich ein.

Die Migräne hat mich fest im Griff

Nach kurzem Schlaf erwache ich wieder mit starken Kopfschmerzen. Mir ist kotzübel. Grauen erfaßt mich vor der vagen Erinnerung der letzten Nacht. Versuche alles, was ich bisher erlernt und ausprobiert habe, um Linderung zu bewirken, nichts hilft.

An diesem Tag ist nach dem Frühstück ein Besuch bei meiner Tochter und danach ein Bummel durch Hamburgs Innenstadt geplant. Ich zwinge mich dazu, mein Kopf dröhnt. Die Menschenmassen, durch die ich mich schiebe, empfinde ich als Bedrohung.

Solch starke Migräneattacken waren früher eine Gelegenheit, mein Gewicht zu reduzieren, das funktioniert inzwischen auch nicht mehr. Ich habe mir angewöhnt, mich trotz des Unwohlseins zum Essen zu zwingen. Wenigstens während der Zeit des Kauens habe ich die Übelkeit unterdrückt, und die Anspannung im Kiefergelenk läßt etwas nach. Bei starken Kopfschmerzen beiße ich oft für Stunden unbewußt die Zähne zusammen.

Ich schleppe mich auch durch diesen Tag, meine Schmerztropfen helfen nicht. Aber im Bett liegen kann ich auch nicht. Ich habe das Gefühl, ich drehe durch.

Aus einem wunderbar geplanten Wochenende ist wieder einmal ein absoluter Horrortrip geworden. Auch die folgende Nacht vergeht irgendwie. Das Frühstück lassen wir ausfallen, verlassen das Hotel und fahren nach Hause.

Ich kämpfe jetzt schon seit etwa fünfunddreißig Stunden ununterbrochen mit starken Migräneattacken. Die Übelkeit ist unerträglich. Auf der Rückfahrt liegt die Tüte griffbereit neben mir in der Türablage.

Ich fühle hilflos, wie meine Verzweiflung immer größer wird und sich in meine Seele frißt. Nur nicht aufgeben. Früher war es mir manchmal möglich, mir vorzustellen, daß ich, wenn der Kopf sehr weh tat, einfach aus meinem Körper heraustrete und neben mir stehe. Meinem anderen Körper die Schmerzen überlasse. Das gelang mir sowohl bei seelischen oder körperlichen Schmerzen als auch später bei der Migräne. Heute schaffe ich es nicht mehr so gut wie früher, und ich habe in der Therapie gelernt, daß dieses Verhalten schädlich ist.

Starke Zweifel sind mir in den vergangenen Tagen gekommen. Ist alles richtig, auf was ich mich da einlasse? Noch verspüre ich keine großen Erleichterungen, erst recht nicht im Augenblick. Die Erinnerungen, die in mir hochkommen, tun so weh und sind so unangenehm. Ich sträube mich innerlich dagegen und weiß doch, daß ich es zulassen muß.

Wenn es mir so schlecht geht, habe ich auch keine positiven Gedanken. Irgend etwas schwebt schwarz und bedrohlich über mir, nimmt mir die Luft und die Kraft zu leben, jederzeit bereit, mich zu erdrücken. Wie gerädert erscheine ich zur nächsten Therapiestunde und berichte zögernd von dem Erlebten. Immer noch habe ich die Hoffnung, daß es eine »normale« Erklärung für diese Alpträume gibt. Ich möchte es herausfinden.

Ich setze die Brille ab, ziehe die Schuhe aus und trinke einen Schluck Tee, ehe ich mich auf der Matratze niederlege. Ich atme tief durch und versuche, mich zu entspannen. Weiße Watte oder Wolken scheinen meinen Kopf auszufüllen. Er schmerzt. Tränen kommen, tropfen unablässig seitwärts an den Schläfen auf die Unterlage herab. Aus den Wolken wird plötzlich ein Kissen, nicht so groß wie ein normales. Es wirkt bedrohlich, kommt auf mich zu, ich habe Todesangst, bekomme keine Luft. Ich höre mich lautlos schreien, mein Mund klebt von außen, ebenso der Hals. Alles läuft genauso ab wie in der Nacht in Hamburg. Meine Füße und Beine, die Hände und Arme kribbeln sehr stark. Ich spüre, es sind kleine Beine und Füße, kleine Arme und Hände. Sie gehören dem schreienden kleinen Mädchen in mir, es kann gerade laufen. Nach über vier Jahrzehnten hilft ihm jemand in seiner Not.

Ich komme hoch, es ist vorbei. Beine und Arme kribbeln noch immer ganz stark, und ich bin sehr benommen. Allmählich legt sich meine Betroffenheit. Wir sprechen noch über das soeben Erlebte, bevor ich meine Schuhe wieder anziehe und meine Brille aufsetze. Die Stunde ist vorüber, und ich verabschiede mich. Einen neuen Termin in der Tasche.

Draußen im Auto muß ich noch einen Augenblick warten, bis ich mich einigermaßen gefaßt habe.

Mit Unterstützung der Therapeutin versuche ich in einer weiteren Sitzung zu ergründen, wer das Kissen hält. Ich schaffe es nicht. Sehe nur das Kissen auf mich zukommen, blau-weiß geblümt. Weiße Margeriten auf blauem Untergrund, etwas verwaschen. Wer hat mir das angetan? Plötzlich schwebt für einen kurzen Augenblick der Oberkörper meines Vaters über dem Kissen. Ich bin irritiert. War es ein Zufall oder nicht? Ich bin mir nicht sicher, ob ich es überhaupt wissen will; es ist unheimlich.

In einer der folgenden Stunden ist mir speiübel, aber ich reiße mich zusammen und versuche, durch meine Erinnerung an den oralen Mißbrauch zum Täter zu gelangen. Es gelingt mir schnell. Ein Riesenpenis erscheint vor meinem Gesicht. Ich versuche auf Anweisung der Therapeutin, mich mit den Händen und meinem inneren Auge zu dem dazugehörenden Gesicht zu tasten. Die Schamhaare sehe ich, den Bauch, die Brust und einen Arm. Dann ist Schluß, alles verschwindet, was danach kommt. Es löst sich einfach auf.

In der darauffolgenden Nacht sehe ich wieder im Halbschlaf das Kissen über mir schweben, ich weiß, daß ein Mann neben mir steht. Sehe vor mir große schwarze Lederstiefel. Als ich erwache, erinnere ich mich an alles und habe noch ein paar russische Worte im Ohr. Was war das, mein Herz klopft wild. Mein Schlafanzug ist völlig durchgeschwitzt. Weiß ich endlich, wer mich mißbraucht hat, als ich noch ganz klein war?

Mir fallen Erzählungen meiner Eltern ein. Nach der Flucht war eine Zeitlang ein russischer Soldat mit seinem Major in dem Haus einquartiert, in dem wir wohnten. Ich krame noch weitere Erinnerungen der ersten Kindheitsjahre aus meinem Gedächtnis. Das erste Bild.

Meine Mutter näht, ich sitze auf dem Fußboden. Eine hellgrüne Kindermütze vor mir, ich habe sie zerschnitten. Meine Mutter ist sehr böse, denn es ist in der Nachkriegszeit, es gibt nichts. Mutter ist beim Arzt. Ich bin allein und soll schlafen. Habe aber plötzlich schreckliche Angst. Wovor? Renne in Hausschuhen voller Panik aus der Wohnung, die Treppen hinunter aus dem Haus, um meine

Mutter zu suchen. Es ist kalt. Sie ist nicht mehr beim Arzt. Er hat seine Praxis nur ein paar Straßen weiter.

Ein weiteres Bild, zu eng eingewickelt in eine Decke. Ich bekomme Klaustrophobie und schaffe es, mich freizustrampeln. Ich bewege heftig den Unterleib und reibe die Beine aneinander. Es ist wie ein Zwang. Meine Eltern kommen plötzlich dazu. Ich kann, obwohl ich von ihnen angesprochen werde, nicht damit aufhören.

Fachleute nennen das, glaube ich, offene Masturbation. Der Kommentar meiner Eltern: Sie hat Krämpfe, wir sollten darauf achten. Wenn es noch einmal vorkommt, müssen wir zum Doktor und mal nachsehen lassen. Ich bin etwa vier oder fünf Jahre alt.

Heute weiß ich, daß dies ein deutlicher Hinweis auf einen an mir stattgefundenen sexuellen Mißbrauch war.

Mit etwa sechs Jahren reiße ich von zu Hause aus, fahre mit einem kleinen Holzroller quer durch die große Stadt zu entfernten Bekannten. Als ich erst bei Dunkelheit zu Hause eintreffe, wundere ich mich. Ich bekomme keine Schläge. Sie scheinen froh zu sein, daß ich wieder da bin.

Zum ersten Mal komme ich mit dem Tod in Berührung. Ganz bewußt, es erschreckt mein Kinderherz zutiefst.

Im Park gegenüber ist eine zerstückelte Babyleiche in einem Papierkorb gefunden worden. Durch diesen Park fahre ich mit meinem Holzroller, wenn ich meinem Vater das Essen in den Garten bringen muß. Die Schrebergärten der Eisenbahner liegen am Ende des Parks und grenzen an die Bahnschienen.

Für meine Familie ist der grausige Fund in dieser Zeit wohl nichts Besonderes, sie scheinen genug Schlimmes erlebt zu haben. Ich spüre kein großes Entsetzen bei ihnen, nur ich trauere lange um dieses Baby und sein Schicksal. Habe Mühe zu begreifen, wie jemand zu solch einer Tat fähig sein kann.

Seit der Nacht in Hamburg ahne ich, daß es einen Zusammenhang zwischen den letzten schrecklichen Erinnerungen und dem Beginn meiner Migräne gibt, aber welchen?

Frau Sommer berichtet, daß sie nach der vorhergehenden Sitzung zunächst erleichtert war. Dieses Gefühl hat jedoch nicht lange angehalten. Für den Rest der Woche ging es ihr sehr schlecht. Sie wachte nachts mit panischer Angst auf, ihre Hände kribbelten, und sie sah ein blaugeblümtes Kissen vor ihren Augen.
Für mich ist an dieser Reaktion deutlich zu erkennen, daß der Therapieprozeß begonnen hat. Frau Sommer hat es in der Therapie gewagt, bedrohliche Erlebnisse der Kindheit aus der Tiefe ihres Inneren hervorzuholen und genau anzusehen. Dadurch wurde ihrem Körper und ihrer Seele die Möglichkeit offengelegt, daß eine Bearbeitung dieser bedrohlichen Erinnerungen möglich ist. Im Unterbewußtsein möchte sie jetzt am liebsten alles Negative aus ihrem Inneren so schnell wie möglich hervorholen und beseitigen. Der gesunde Selbstheilungsmechanismus hat zu arbeiten begonnen.
Die Seele bemüht sich ebenso wie der Körper immer um Heilung. Bei einer körperlichen Verletzung sendet der Körper Blut in die betroffene Körperregion, und der Heilungsprozeß setzt ein. In der Seele findet auf der psychischen Ebene derselbe Mechanismus Verwendung.
Es werden anstrengende Wochen oder auch Monate für Frau Sommer kommen. Mit jeder Erinnerung, die sie in der Therapie bearbeitet, wird die nächste Erinnerung angeregt. Wie an einer unsichtbaren Schnur zusammenhängend taucht eine Situation nach der anderen aus der Tiefe hervor und will bearbeitet werden.
Es ist ein gesunder, aber anstrengender und belastender Prozeß. Sobald er beginnt, weise ich meine Klientinnen darauf hin und erkläre ihnen diesen Mechanismus, damit sie angesichts der erschreckenden Fülle negativer Erinnerungen nicht den Mut verlieren. Sie sollen verstehen können, daß der nun heftig in Gang gekommene Therapieprozeß zunächst zwar eine Verschlechterung ihres augenblicklichen Befindens bedeutet, aber notwendig für die Verarbeitung ist. Langfristig wird sich die be-

lastende und schmerzhafte Arbeit lohnen. Auch Frau Sommer zeige ich diese Zusammenhänge auf.

Um ihr auch gleich praktisch zu zeigen, daß eine Bearbeitung der aufgestiegenen Erinnerungen anschließend wieder ein Gefühl von Erleichterung bringen wird, arbeite ich mit ihr an den neuen Bildern und Gefühlen.

Frau Sommer legt sich auf die Matte und schließt die Augen. Sie spürt sofort, daß dieses Kissen im Zusammenhang mit einer Mißbrauchssituation steht. Ich stelle ihr Fragen: Wo ist das Kissen? Was passiert mit dem Kissen? Die Oma drückt es ihr auf das Gesicht. Sie hat sich gegen die ekelhaften Berührungen der Oma gewehrt. Frau Sommer weint wieder heftig und schüttelt sich. Sie fühlt die Panik und Verzweiflung, die sie als Kind in dieser ausgelieferten Situation gespürt hat. Sie fühlt nun auch das Kribbeln in den Händen und glaubt, daß sie fast bewußtlos war. Es ist möglich, daß das Kribbeln der Hände durch eine Sauerstoffunterversorgung entstanden ist.

Frau Sommer weiß und fühlt in diesem Moment, was die Reaktionen beim nächtlichen Erwachen während der vergangenen Woche bedeutet haben. Das Kribbeln der Hände war vermutlich ein Effekt von Hyperventilation, die durch die nächtliche Angst entstanden ist.

Nun ist die Reorganisation und Lösung der Situation wichtig. Ich schlage ihr vor, sich gegen das Kissen zu wehren. Sie stimmt zu, und ich halte ein Sofakissen mit Abstand oberhalb ihres Kopfes und ermutige sie, dagegen zu drücken. Sie stemmt sich mit aller Kraft dagegen und wehrt sich auf meinen Vorschlag hin zusätzlich mit Worten gegen die Oma: »Geh weg! Laß mich in Ruhe!«

Frau Sommer spürt ihre Kraft und atmet tief durch. Ich rege sie an, bewußt viel Sauerstoff einzuatmen und durch den ganzen Körper fließen zu lassen. Die intensive Sauerstoffzufuhr wirkt heilend gegenüber der Angst aus der Kindheitssituation, zu ersticken. Frau Sommer fühlt sich besser.

Zum Abschluß der Stunde schlage ich ihr vor, sich nachts in ähnlicher Weise zu helfen, falls sie wieder voller Panik aufwachen sollte. Sie kann tief atmen und ihre Kraft und Wehrhaftigkeit gegen jegliche Übergriffe spüren. Sie hat nun eine Möglichkeit, Einfluß auf ähnliche Situationen zu nehmen und sich selbst zu helfen.

11. 3. 91

Heute erzählt Frau Sommer von dem, was sie seit der vorhergehenden Sitzung selbst herausgefunden hat. Vieles hat in ihr gearbeitet, besonders nachts. Sie hat sich daran erinnert, daß sie einen Mann oral befriedigen mußte. Vielleicht war es der Bruder, aber sie ist sich nicht sicher. Sie hat sich an Erstickungsgefühle und an etwas Ekliges und Klebriges im und um ihren Mund herum erinnert. Im Zusammenhang damit sieht sie, daß sie als Kind oft das Essen verweigert hat. Sie wurde in der Kindheit ständig zu »Fütterungskuren« geschickt, weil sie so wenig und ungern aß. Wenn es ihr schlecht geht, hat sie auch heute noch Probleme, etwas zu essen. Manchmal erlebt sie es andererseits als hilfreich in schwierigen Situationen, wenn sie essen kann.
Wir erarbeiten gemeinsam im Gespräch, wie ein oraler Mißbrauch Ekel und Abwehr in der Mundregion auslöst. Frauen können häufig nicht mehr zwischen Positivem und Negativem unterscheiden, das durch den Mund in den Körper gelangen kann. Der Ekel vor dem klebrigen Sperma führt zu Anspannungen in Mund, Speiseröhre und Magen, und es entsteht eine Abwehr gegen alles, was durch den Mund aufgenommen wird.
Der entspannende Effekt von Essen, den Frau Sommer auf der anderen Seite erlebt, entsteht durch die Aktivierung des Parasympathicus im Nervensystem, ausgelöst durch den Verdauungsvorgang. Bei einer Aktivierung des Parasympathicus entsteht durch entsprechende Nervenbahnverbindungen ein Entspannungsgefühl im gesamten Körper.
Es tut Frau Sommer gut, diese Zusammenhänge nachvollziehen zu können. Verstehen bedeutet auch Einflußnahme auf das eigene Leben. Sie erzählt, daß sie nach der Erinnerung an den oralen Mißbrauch wieder schlafen konnte.
Sie denkt viel über ihre Familie nach. Ich spreche vorsichtig an,

daß es hilfreich sein könnte, im Laufe der Zeit und mit zunehmender Verarbeitung der Mißbrauchserlebnisse allmählich offener mit der Thematik umzugehen. Frau Sommer reagiert erschrocken auf die Vorstellung, beispielsweise mit dem Bruder oder der Mutter über ihre Erinnerungen zu sprechen. Vor dem Bruder hat sie Angst; ihr ganzes Leben lang hat sie Angst vor ihm gehabt, auch heute noch. Er könnte gerichtlich gegen sie vorgehen, wenn sie ihre Erinnerungen ausspricht, und sie damit seelisch endgültig zugrunde richten. Aufgrund meiner Erfahrungen glaube ich nicht daran, daß der Bruder vor Gericht gehen würde.

Viele Täter haben den Frauen mit einer Verleumdungsklage gedroht, falls sie über den Mißbrauch sprächen, aber letztlich haben sie sie doch nicht gestellt aus Angst vor der öffentlichen Diskussion, bei der es auch um sie selbst gehen würde. Sie spüren offensichtlich, daß sie sich damit schaden könnten. Denn selbst wenn letztlich eine Aussage gegen die andere stehen würde, wer garantiert, daß alle dem Täter glauben? Ein Hauch von Verdacht könnte immer an ihm hängenbleiben.

Obwohl ihre Angst vor dem Bruder nun nachläßt, kann Frau Sommer es sich nicht vorstellen, jemals offen mit ihm zu sprechen. Ich belasse es dabei und weiß, daß dieser Gedanke von nun an als Möglichkeit in ihr arbeiten wird. Wichtig ist zunächst die Vorstellung, daß der Bruder nicht so gefährlich ist, wie sie es bisher immer dachte. Es ist wahrscheinlich, daß sie eines Tages wie viele andere Frauen das Bedürfnis in sich spüren wird, den Täter mit seiner Tat zu konfrontieren und ihm die Verantwortung dafür zurückzugeben.

19. 3. 91

Frau Sommer sagt, daß es ihr recht gut geht. Alles hat sich beruhigt und gesetzt. Sie möchte gern ein neues Thema bearbeiten. Ich äußere meine Meinung, daß es auch wichtig sein kann, sich nach der Bearbeitung eines belastenden Themas ein wenig Ruhe zu gönnen und eine kleine Pause zu machen. Für eine solche Ruhepause biete ich ihr Entspannungsübungen an, die ihr sicherlich guttun würden. Die Entspannungstechniken könnte sie dann auch im Alltag anwenden. Frau Sommer winkt ab, vielleicht später einmal. Sie möchte weiterkommen mit der Verarbeitung ihrer Kindheit. Ich akzeptiere ihre Entscheidung und arbeite mit ihr auf der Matte an der Migräne.

Ich frage mich immer wieder, ob dieses Arbeitstempo nicht zu rasant ist. Aber Frau Sommer wird für sich selbst feststellen, ob sie diese Geschwindigkeit bei der Therapie beibehalten kann und will.

Als Methode für die heutige Arbeit schlage ich ihr erneut ein Gespräch vor, diesmal mit dem Kopf, weil diese Methode bisher sehr wirksam war. Doch als sie ein Gespräch mit dem Kopf beginnen will, gibt dieser keine Reaktion von sich.

Nun stellt sich die Frage, ob diese Methode bei der Arbeit an der Migräne nicht so geeignet ist oder ob wir einem Widerstand begegnet sind. Ein Widerstand stellt sich dann in den Weg therapeutischer Arbeit, wenn die Ursache der Störung verdrängt ist und ein Offenlegen bedrohlich scheint. Der Widerstand ist ein unbewußter Schutzmechanismus, der in der Kindheit aufgebaut wurde, als die Erkenntnis von Zusammenhängen und die damit verbundenen Gefühle unerträglich waren. Das Kind verdrängt, um überhaupt noch etwas Positives spüren zu können. Es will überleben. Es handelt sich also um eine Überlebensstrategie, die verinnerlicht wurde und sich verselbständigt hat.

Der Abwehrmechanismus muß nun offengelegt und dahingehend überprüft werden, ob er auch im Erwachsenenalter noch notwendig ist. Fast immer sind die alten Abwehrmechanismen längst überholt, weil sie auf der Hilflosigkeit und dem Ausgeliefertsein des Kindes basieren. Die erwachsene Frau könnte inzwischen Einfluß auf viele Situationen nehmen, kommt aber nicht auf diese Idee, weil der Abwehrmechanismus sie in altbewährter Weise vor der Erkenntnis von Zusammenhängen und Gefühlen schützt. Er signalisiert Gefahr, wenn die Frau sich wehrt oder sich auf andere Art zu helfen versucht, weil diese Reaktionen für das Kind unmöglich oder sogar gefährlich waren.

Ich spreche den Widerstand direkt an und frage Frau Sommer, wann die Verbindung zum Kopf abgebrochen ist. Sie antwortet spontan und gezielt: im Alter von drei Jahren. Sie spürt nur Leere um sich, die sich wie Watte anfühlt. Ich ermutige sie, die Arme auszustrecken und in die Watte hineinzugreifen, um sie genauer zu erkunden.

Sie sieht wieder das Kissen vor sich. Ihr Gefühl und das Bild des Kissens zeigen mir, daß die Abwehr überwunden ist und sie sich mitten in einer Erinnerung befindet. Ich halte eine zusammengefaltete Decke oberhalb ihres Körpers und schlage ihr vor, das Kissen, das sie vor ihrem inneren Auge sieht, wegzuschieben. Hinter dem Kissen sieht sie den Vater stehen. Sie spürt in ihren Körper hinein und fühlt, daß sie in ihrer Erinnerung flach auf dem Rücken liegt und der Vater sie mit körperlicher Gewalt nach unten drückt. Gleichzeitig reagiert ihr Unterleib: etwas Unangenehmes passiert, das man im Alter von drei Jahren noch nicht benennen kann. Frau Sommer wirkt sehr angestrengt und belastet. Ich ziehe es vor, nicht nach weiteren Einzelheiten zu fragen, und schlage ihr vor, sich gegen die von mir hingehaltene Decke und damit in der Erinnerung gegen den Vater zu wehren. Diese Lösung für die bedrohliche Situation mit dem Vater setzt ihre Kraft wieder frei und bringt Entspannung. Weitere Erinnerungen können noch zu einem späteren Zeitpunkt erarbeitet werden. Nach dem Wehren gegen den Vater setzt Frau Sommer sich auf, es ist genug, sie kann keine weiteren Erinnerungen mehr verkraften. Meine Einschätzung ihrer Belastung war also richtig.

Ich spreche nun ausführlich über ihre Erinnerungen, damit sie die damit verbundenen Bilder und Gefühle integrieren kann. Frau Sommer vermutet aus der Sicht der erwachsenen Frau, die sie im Gespräch nun wieder ist, daß auch der Vater sie sexuell mißbraucht haben könnte. Bislang konnte sie sich nicht an derartige Situationen erinnern. Wenn er sie tatsächlich im Alter von drei Jahren sexuell mißbraucht haben sollte, vermutet sie, daß er sich über sein gewaltsames Verhalten selbst erschrocken und sein Tötungspotential gespürt hat. Vielleicht war er es, der das Kissen auf sie drückte, und es tauchte in der Situation mit der Oma auf, weil es auch mit Mißbrauch und Gefahr verbunden war. Das in zwei Erinnerungen auftauchende Kissen kann ein Hinweis sein, daß es mehr Mißbrauch gab, als Frau Sommer sich bewußt erinnert. Frauen können dann einzelne Zusammenhänge nicht mehr gezielt voneinander trennen, Erinnerungen fließen ineinander über. Eine andere Hypothese wäre, daß die Oma den Vater ebenfalls sexuell mißbraucht und mit einem Kissen bedroht hat, so daß der Vater diese Methode übernahm. Oder das Kissen wurde in der ersten oder einer extrem bedrohlichen Mißbrauchssituation verwendet und tauchte in allen weiteren Situationen als Symbol für Gefahr auf. Viele Hypothesen sind denkbar, die Antwort kennt nur Frau Sommer.

Vielleicht hat der Vater nach dieser Situation rigide Grenzen um seine Sexualität gezogen, denn sie kann sich nur an sein extrem tabuisiertes Verhalten Sexualität gegenüber erinnern.

Sie ist sich sicher, daß sie in dieser Situation im Alter von drei Jahren ihren Kopf vom Gefühl getrennt hat, um nichts mehr spüren zu müssen. An die Anwendung dieser Strategie kann sie sich auch bei vielen späteren Ereignissen ihres Lebens erinnern, in denen sie bedrohliche Elemente empfand.

Zum Abschluß der Sitzung weise ich Frau Sommer darauf hin, daß die Erinnerung in der kommenden Woche möglicherweise in ihr weiterarbeitet. Neue Bilder könnten aus dem Unterbewußtsein an die Oberfläche gelangen, oder der Abwehrmechanismus in Form der Migräne könnte hart arbeiten, um Aufsteigendes aufzuhalten.

Mir tut es immer leid, wenn ein Thema nicht gänzlich durchgearbeitet werden konnte, weil das Gefühl der Erleichterung dann noch nicht entsteht. Die Frauen müssen bis zur nächsten Sitzung leiden. Andererseits wäre es nicht gut, solche Schutzmechanismen gegen weitere Erinnerungen zu mißachten, weil es bei einer Überforderung zu noch heftigeren Abwehrreaktionen in Form eines körperlichen und seelischen Zusammenbruchs kommen kann. Für manche Erinnerungen und Gefühle braucht eine Frau mehr Zeit als für andere. Einige Frauen benötigen immer sehr viel Zeit, und es kann mehrere Sitzungen dauern, bis jede einzelne Erinnerung vollständig erarbeitet werden kann. Solange eine Frau nicht völlig blockiert und an einem Thema nicht arbeiten will, sondern langsam und vorsichtig vorgeht, betrachte ich diese Bremse als für sie notwendig. Ich vertraue dem eigenen Weg des Heilungsprozesses.

Mein Hinweis an Frau Sommer soll ihr dabei helfen, ein möglicherweise entstehendes schlechteres Befinden in diesem Sinne zu werten, statt an eine allgemeine Verschlechterung oder gar eine Sinnlosigkeit der Therapie zu denken.

21.3.91

Seit der letzten Sitzung konnte Frau Sommer nachts kaum schlafen und war insgesamt recht durcheinander. Sie kann sich nicht vorstellen, daß auch der Vater sie sexuell mißbraucht hat. Die körperlichen Empfindungen, die sie im Unterleib hatte, könnten jedoch darauf hinweisen. Ich schildere ihr aus körpertherapeutischer Sicht, daß man solche Gefühle, Körperempfindungen und Bilder nicht produzieren kann, wenn man sie nicht real erlebt hat.

Frau Sommer reagiert wie viele andere Frauen auch, die lieber erst einmal an der eigenen Wahrnehmung zweifeln, als der schrecklichen Wahrheit ins Gesicht zu sehen. Andererseits glaubt sie sich dann wiederum doch und meint, der Vater habe wohl Angst vor sich selbst bekommen und den Mißbrauch dann beendet. Sie erinnert sich an zahlreiche körperliche Gewaltsituationen mit ihm. Ein einziges Mal war die Mutter eingeschritten mit den Worten: »Du schlägst sie ja tot!«

25.3.91

Frau Sommer kommt im Alltag gut zurecht und hat die Möglichkeit eines sexuellen Mißbrauchs durch den Vater in sein sonstiges gewaltsames Verhalten eingeordnet. Er hat sie körperlich mißhandelt und auch seelisch gequält, indem er oft nach einem Grund suchte, sie anschreien, beleidigen und schlagen zu können.

Sie leidet wieder mehr unter Migräneattacken, die aber weniger stark sind als vor Beginn der Therapie.

Für mich ist dies ein Hinweis, daß der Abwehrmechanismus arbeitet und weitere Erinnerungen verhindert. Frau Sommer ist auch weniger zuversichtlich als sonst, was den Erfolg der Therapie angeht. Ich beruhige sie mit dem Hinweis, daß eine Therapie immer langwierig ist und deutliche Erfolge erst dann entstehen, wenn ein großer Teil der zugrundeliegenden Erlebnisse verarbeitet ist. So weit ist sie nach den wenigen Sitzungen noch nicht.

Meiner Meinung nach arbeitet sie schnell und intensiv, und ich teile ihr meinen Eindruck auch mit. Ich habe das Gefühl, daß sie über ein großes Heilungspotential verfügt. Sie arbeitet zu Hause weiter, was nicht selbstverständlich ist. Viele Frauen benötigen einen wesentlich längeren Therapieprozeß, bis sie sich zu Hause auch allein an Gefühle heranwagen.

Frau Sommer laufen die Tränen hinunter. Wir arbeiten auf der Matte an dieser Traurigkeit. Sie ist wie eine große Wolke in ihrem Kopf und bewegt sich dort wie die Watte seit dem Alter von drei Jahren. Die Wolke nimmt langsam die Form des Kissens an, ist dieses Mal aber nicht bedrohlich. Frau Sommer spürt ganz allmählich, daß sie um den Verlust des Vaters trauert, der aufgehört hat, ein Vater für sie zu sein, als sie drei Jahre alt war. Ihre Hoffnung, bei ihm Fürsorge und Schutz zu finden, die jedes Kind an seine Eltern richtet, war mit der erinnerten Situation zerstört. Frau Sommer hatte keinen Vater.

Ich frage sie, was sie im einzelnen dadurch verloren hat. Sie nennt Vertrauen, Schutz, Sorge und ein gutes Aufwachsen. Es fällt ihr schwer, die Traurigkeit zuzulassen. Sie spürt, daß sie ihren Vater noch nie als das sah, was er hätte sein sollen. Aber bislang hat sie ihn nur mit ihrem Verstand von sich geschoben. Im Gefühl muß sie noch um ihn trauern und Abschied von ihm nehmen. Ich bitte sie, diese Gefühle zu akzeptieren, auch wenn es ihr schwerfällt.

Frau Sommer hat seit drei Tagen ununterbrochen Migräne und sieht sehr schlecht aus. Sie fühlt sich ziemlich mürbe und zweifelt daran, daß die Therapie sich positiv auswirken könnte. Ich versuche sie mit dem Hinweis zu beruhigen, daß die Migräne eher ein Zeichen für einen arbeitenden Abwehrmechanismus ist und damit Teil ihres natürlichen Therapieprozesses.

Frau Sommer zuckt mit den Schultern, ist aber bereit, an der Migräne zu arbeiten. Sie legt sich auf die Matte und fühlt in ihren Körper hinein. Im Kopf spürt sie Druck und Schmerzen, im Bauch verkrampft sich der Darm. Diese Spannung fühlt sie auch im Magen, sie wandert von dort aus in den Bauch.

Tränen steigen auf, und Frau Sommer weint. Ich unterstütze diese emotionale Reaktion, weil Weinen in diesem Moment eine entspannende Wirkung hat. Der Magen verweigert in den letzten Tagen jede Nahrung. Auf meinen Vorschlag hin fühlt sie intensiv in ihren Magen hinein. Sie sieht und spürt das Glied eines Mannes neben ihrem Mund, und der Mund ist voller Sperma. Sie ist etwa drei Jahre alt. Ich frage danach, wer dieser Mann ist. Stück für Stück sieht sie sich seinen Körper vor ihrem inneren Auge an und vermutet dabei, daß es der Körper des Vaters ist. Zur Beruhigung sagt sie dem Magen, daß er so etwas nie wieder ertragen muß. Magen und Darm entspannen sich. Vor ihrem inneren Auge sieht sie wieder das Kissen. Sie meint, das Kissen beendete den Mißbrauch durch den Vater. Zwischen der körperlichen und der sexuellen Gewalt des Vaters spürt sie einen Zusammenhang. Beides war gleichzeitig gegeben. Wenn er sie in späteren Jahren schlug, spielte auch Sexualität eine Rolle. Der sexuelle Mißbrauch war später nicht zu Ende: Der Vater schlug sie mit dem Ziel sexueller Erregung. Nur die Form der Bedrohung hatte sich verändert, Schläge waren für ihn offensichtlich eher kontrollierbar, und er sah weniger Risiko, seine Tochter damit umzubringen. Aber auch in den Schlägen war er zeitweilig unkontrolliert, was am Einschreiten der Mutter und an ihren Worten deutlich wurde.

Mir wird wieder einmal diese gezielte Gewalt klar. Der Täter schränkt sie nur dort ein, wo er sich selbst schaden könnte, weil der Mißbrauch nach außen erkennbar werden könnte und er mit Konsequenzen rechnen müßte. Die Qualen seines Opfers interessieren ihn nicht.

Frau Sommer fühlt sich nach der Stunde entspannter, auch dem Kopf geht es besser. Um ihr eine Möglichkeit zu zeigen, wie sie sich vielleicht auch selbst bei solchen massiven Beschwerden helfen kann, schildere ich ihr den Ablauf der heutigen Stunde unter Berücksichtigung der angewandten therapeutischen Mittel. Vielleicht kann sie auch zu Hause in ihren Körper hineinhören und nach Gefühlen und Zusammenhängen suchen. Ich weise sie jedoch auf die Grenzen einer solchen Selbsthilfe zum jetzigen Zeitpunkt hin: Wenn sie sich allein zu unsicher fühlt, werden Körper und Seele ihr keine Informationen preisgeben. Für eine Überreaktion sehe ich bei ihr kein Risiko, sie hat feste psychische Grenzen.

Wenn eine Frau nur über schwache psychische Grenzen verfügt, können bei verfrühter Eigenarbeit viele Erinnerungen und Gefühle gleichzeitig auf sie einströmen, die sie nicht verarbeiten kann. Ein psychischer Zusammenbruch wäre die gefährliche Folge.

Doch Frau Sommer schützt sich eher durch Verdrängung vor Gefühlen und Erinnerungen, als daß sie sich davon überflutet fühlen könnte. Ihre gut ausgeprägte Selbstheilungskraft wurde schon zu Beginn der Therapie deutlich, als sie allein nach Hintergründen für ihren Alptraum forschte und selbst auf Zusammenhänge stieß. Diese Erkenntnisse hatte sie entspannend und nicht bedrohlich erlebt.

Den Weg zur Selbsthilfe führe ich auch deshalb so frühzeitig in ihre Therapie ein, weil ich nur noch etwa einen Monat lang arbeiten kann. Im Mai kommt mein Kind, und Frau Sommer wird drei Monate lang allein zurechtkommen müssen. Mir ist wohler, wenn sie sich dann zumindest manchmal schon selbst helfen kann. Ich kenne Frau Sommers festen Willen inzwischen und weiß, sie wird zur Selbsthilfe greifen, sobald sie es als notwendig empfindet. Zur Sicherheit biete ich ihr an, mich jederzeit anzurufen, wenn sie meine Hilfe braucht.

Wir sprechen ganz ausführlich über die vorherige Sitzung. Frau Sommer setzt sich gefühlsmäßig zunehmend damit auseinander, daß auch der Vater sie sexuell mißbraucht hat. Die Migräne hat nachgelassen. Damit zeigt sich, daß auch der innere Druck gesunken ist. Migräne ist die Auswirkung körperlicher Spannungen, die die seelischen Probleme begleiten. Frau Sommer verdrängt die Erinnerungen an den sexuellen Mißbrauch durch den Vater nicht mehr, und die Migräne als »Wächter« angstauslösender Erinnerungen und Gefühle ist in diesem Zusammenhang überflüssig geworden.

Als Antwort auf ihre doch noch vorhandenen Zweifel gegenüber ihrer Erinnerung erzähle ich ihr von der Qualität der Erinnerungen aus frühen Lebensabschnitten. Ein Kind kann Erlebnisse nur in der Weise im Gedächtnis speichern, wie es sie aufnimmt. Babys, die zunächst nur die Wahrnehmung ihres Körpers zum Erleben der Welt zur Verfügung haben, können auch nur Körperbewegungen und -sensationen im Gedächtnis speichern. Die Erinnerungen sind verschlüsselt im Körper vorhanden. Wenn in späteren Jahren eine Körperbewegung in ähnlicher Weise wie in einer Situation der frühen Babyzeit erfolgt, wird die Erinnerung mobilisiert und kann dann mit Bildern verbunden und mit Worten benannt werden.

Sobald ein Kind Bilder wahrnehmen und zuordnen kann, speichert es sie zusätzlich zu den Körperempfindungen im Gedächtnis. Eine meiner Klientinnen sah eine alte Lampe auf dem Flohmarkt. Obwohl sie sie nicht schön fand, hatte sie den Wunsch, sie zu kaufen, und tat dies auch. Zu Hause hängte sie die Lampe auf und legte sich darunter, um sie anzusehen. In diesem Moment erinnerte sie sich daran, wie sie als Vierjährige im Bett der Eltern unter der gleichen Lampe lag und ihren Blick darauf fixierte, als der Vater sie sexuell mißbrauchte. Die Körperhaltung und das Bild der Lampe waren in ihrem Gedächtnis gespeichert gewesen. Beim Liegen unter der Lampe wurde die gesamte Erinnerung mobilisiert. Im Erwachsenenalter konnte die Klientin nun auch benennen, was der Vater ihr zugefügt hatte, wofür sie als Vierjährige noch keine Worte finden konnte.

Oft hilft es den Frauen dabei, ihren eigenen Erinnerungen zu glauben, wenn ich ihnen diese Form von Speicherung und Abrufen von Informationen aus frühen Lebenszeiten darstelle. Diese Körpererinnerungen und Bilder werden in der Therapie als nicht ganz so real und greifbar empfunden wie die verbalen Erinnerungen, die eher zur Wahrnehmungsform Erwachsener gehören und daher weniger angezweifelt werden.

Ich schildere Frau Sommer außerdem, daß ich allen Frauen bei dieser Reise in frühe Kindheitszeiten dieselben oder ähnliche Fragen stelle und jede Frau eine völlig andere Antwort gibt. Diese Antwort kommt aus ihrem eigenen tiefen Inneren und kann nicht phantasiert werden.

Um Frau Sommer den Glauben an die eigene Wahrnehmung noch weiter zu erleichtern, sehe ich gemeinsam mit ihr eine Symptomliste für Kinder an. Sie zeigte als Kind beinahe alle Symptome, die dort aufgeführt sind und auf sexuellen Mißbrauch hindeuten können. Ihr fällt ein Zusammenhang zwischen dem sexuellen Mißbrauch und einem seltsamen sexuellen Verhalten als Kind auf. Sie hat offen masturbiert und konnte es nicht beenden. Die Eltern hatten dieses Verhalten beobachtet und als Krämpfe gedeutet. Heute könnten Fachleute aus der offenen Masturbation, die trotz des Einschreitens Erwachsener nicht beendet werden kann, eindeutig ableiten, daß das Kind sexuell mißbraucht wird. Als Frau Sommer Kind war, befaßte sich die Fachwelt noch nicht mit Symptomen und Indikatoren für sexuellen Mißbrauch bei Kindern. Außerdem war das Thema damals wesentlich tabuisierter als heute.

So wie Frau Sommer ihre Mutter beschreibt, habe ich die Befürchtung, daß sie auch nichts vom sexuellen Mißbrauch hätte wissen wollen, wenn sie darauf hingewiesen worden wäre. Ob ich mit meiner Vermutung recht behalte, muß sich zeigen, wenn Frau Sommer vielleicht einmal das Bedürfnis verspürt, mit der Mutter über ihre Kindheit und ihre Erkenntnisse zu sprechen.

Weitere Stunden sind nötig

Nun ist auch mir klar, daß fünfundzwanzig Therapiestunden nicht ausreichen, um den ganzen Müll, den ich unverarbeitet mit mir herumschleppe, aufzuarbeiten. Für eine erfolgreiche Behandlung sind zusätzliche Stunden nötig. Mitte April stellen wir also erneut einen Antrag, jetzt auf vierzig weitere Sitzungen.

Neben meinen Personalien und den Angaben meiner Therapeutin für den Hausarzt brauche ich noch seine Unterschrift. Von Psychotherapie scheint er nicht viel zu halten. Ich habe mich schon schwergetan, als ich ihn am Anfang danach gefragt habe. Aber nun noch weitere vierzig Stunden, das kann er kaum glauben. Laut und deutlich kommt seine Stimme bei mir an. Er scheint sich damit nicht auszukennen und ignoriert den Vorschlag, meine Therapeutin anzurufen und sich bei ihr zu informieren. Zögernd unterschreibt er das Formular. Sie hat keinen Anruf von ihm erhalten. Ich platze fast vor Wut, denn der letzte Teil der lautstarken Diskussion hatte vor dem Arztzimmer stattgefunden, also auch vor Augen und Ohren der dort wartenden Patienten und Sprechstundenhilfen. Das Vertrauen zu ihm habe ich schon lange verloren, aber diesmal bin ich so erbost, daß ich mir einen anderen Hausarzt suche. Nach mehr als zwanzig Jahren.

Nachdem die Krankenkasse den Antrag erhalten und ein Gutachten eingeholt hat, werden mir Ende Mai weitere vierzig Stunden bewilligt.

Dann steigt in einer Sitzung aus der Dunkelheit meines Inneren noch einmal die Erinnerung an einen weiteren Mißbrauch auf. Der Täter hat wiederum kein Gesicht.

Zurück in die frühen Kinderjahre. Ich liege flach auf dem Rücken. Jemand drückt mit Kraft, gegen meinen Widerstand, meine Knie auf die Unterlage. Das rechte Knie schmerzt, es tut so weh. Dieser Jemand steckt seinen Penis zwischen meine Oberschenkel und befriedigt sich dort.

Noch heute habe ich in meinem rechten Knie oft starke Beschwerden. Ich hatte es immer auf einen Unfall zurückgeführt, den ich als Zehnjährige beim Spazierengehen mit einem Hund erlitt. Er zog mich so stark, daß ich hinfiel und mir dabei auf dem Schotter das Knie bös aufschrammte. Nun weiß ich, meine Beschwerden sind Folgeerscheinungen eines früheren sexuellen Mißbrauchs.

Es sind die letzten Stunden vor der Babypause meiner Therapeutin. Ich spüre es, sie macht sich Sorgen um mich. Sie bietet mir an, mich telefonisch zu melden, falls ich in Schwierigkeiten stecke. Sicher, man kann nie wissen, was geschieht. Ich bin dankbar, daß sie mir diese Möglichkeit gibt. Aber die Zeiten waren schon komplizierter für mich. Ich spüre und hoffe es, ich bekomme mein Leben wieder in den Griff. Wenigstens bis zum August 1991, dem voraussichtlichen Wiederbeginn der Therapie.

Meine alljährliche Pollenallergie überfällt mich. Die roten, jukkenden Augen, die unablässig laufende Nase und Ekzeme auf der Haut weisen unmißverständlich darauf hin, es wird wieder Frühling. Aber es geht mir trotzdem wesentlich besser. Ich habe auffällig wenig Migräne, keine Übelkeit mehr, und die Depression ist verschwunden. Wenn überhaupt, habe ich ganz leichte depressive Phasen wie jeder andere auch. Was mir noch auffällt, ich habe keine Denkblockaden mehr. Während einer Unterhaltung mache ich nicht einfach dicht, wenn es mir zuviel wird, sondern ich kann jede Unterhaltung bis zu ihrem Ende führen. Das ist neu, das hatte ich noch nie. Ein völlig neues Lebensgefühl, das ich für eine kurze Zeitspanne genießen kann.

Überraschend meldet sich mein Bruder mit Frau zu einem Kurzbesuch bei uns an. Sie haben die neuen Bundesländer bereist und sind nun auf der Rückfahrt. Auch dieser Besuch wird vorübergehen. Migräne stellt sich ein. Die Gedanken schweifen zurück.

Meine Abneigung gegen den sieben Jahre älteren Bruder ist groß. Mein Unbehagen wächst in seiner Gegenwart. Ein Zusammentreffen mit ihm habe ich vermieden, wo immer es ging. Er ist so ganz anders, denkt und fühlt anders. Den eigenen Vorteil im Auge, ein Arbeitstier, unberechenbar in seinen Reaktionen für

Außenstehende. Er ist schlau wie ein Fuchs, früher ein As in der Schule.

Wenn ich bei meinen Besuchen im Elternhaus die lautstarken, wortgewaltigen Streitigkeiten zwischen ihm und seiner Frau oder unserem Vater mitbekam, hielt ich mich sehr zurück. Es betraf mich ja nicht, und ich wußte, daß ich es nur für eine kurze Besuchszeit ertragen mußte. Erleichterung war in meinem Herzen, wenn ich die Heimreise wieder antreten konnte. Es war mir dann, als käme ich zurück in eine andere Welt, eine friedlichere.

Bis es mich plötzlich doch betraf. Mir war, als hätte er mich bis dahin verschont. Nun änderte sich das. Ein harmloser Beamtenwitz meines Mannes bei einem Familientreffen. Mein Bruder fühlte sich angegriffen und flippte richtig aus. Damals waren mein Mann und ich sein Ziel. Er drohte meinem Mann indirekt mit einer Anzeige. Um ein Haar wäre es damals schon aus mir herausgeplatzt. Ich hätte ihn zu gern an den Teil der sexuellen Mißbrauchserlebnisse meiner Kindheit erinnert, der mit ihm zusammenhing, für den er die Verantwortung trägt. Nur die Rücksicht auf meine Eltern hatte mich davor bewahrt. Ein Glück, denn ich war innerlich noch nicht bereit. Ohne das Wissen, das ich heute habe, wäre ich mit Sicherheit wieder zum Opfer geworden.

In der Folgezeit ergaben sich noch viele Anlässe, bei denen mein Bruder mich einfach überfuhr und meine Meinung überhaupt nicht zur Kenntnis nahm.

Jetzt sind die Gästebetten bereit, als es an der Haustür klingelt. Sie sind da, mit einer fünf Kilogramm schweren Blutwurst unterm Arm und einer Torte, Spezialitäten aus den neuen Bundesländern.

Zwischen Kaffee und Kuchen erinnert mich mein Bruder an meine vermeintliche Pflicht. Wir sollen uns im nächsten Jahr im Sommer um unsere Mutter kümmern, während er im Urlaub mit seiner Frau nach Frankreich fährt. Was neu ist, er will für mehrere Wochen fahren. Es stimmt, vor ein paar Wochen hat er es einmal am Telefon erwähnt. Er geht sehr geschickt vor in solchen Dingen. Ein genauer Termin steht noch nicht fest. Zwecklos zu widersprechen, es klingt so bestimmt. Widerspruch duldet er sowieso nicht. Er fühlt sich dann angegriffen und wird aggressiv. Irgendwo sieht er in mir auch immer noch seine dumme kleine Schwester, mit der er machen kann, was er will.

Resigniert schlucke ich meine Wut hinunter. Er muß keine Rücksicht auf Schulferien nehmen, keinen Werksurlaub einhalten, und seine Kinder unternehmen seit Jahren schon ihre eigenen Reisen. Ich begehe den Fehler zu glauben, daß er den Termin noch mit uns abspricht. Es wird sich ein Weg finden.

Meine Mutter ist geistig und körperlich erstaunlich fit, ich entnehme es den wöchentlichen Telefonaten. Sie lebt noch immer selbständig in ihrem eigenen Haus. Telefonisch hat sie bisher keine Andeutungen über eine Regelung mit meinem Bruder für die Urlaubszeit gemacht. Ich muß annehmen, sie weiß nichts davon.

Traurig fällt mir ein, daß wir in diesem Jahr unser Haus im Werksurlaub von außen renovieren müssen, deshalb haben wir keine Zeit, um im Urlaub zu verreisen. Selbst wenn wir alle schon gefaßten Pläne umwerfen würden, es wäre zu spät, um eine Reise zu buchen. Nicht einmal ein Wohnmobil wäre ohne Probleme noch zu mieten. Wir haben schon Ende Mai 1991. Also dieses Jahr keine Reise und im kommenden Jahr auch nicht.

Mein Bruder versteht es doch immer wieder, sich negativ in mein Leben einzumischen.

Staunen löst bei ihm meine Mitteilung aus, daß ich, um meiner Migräne und meinen Depressionen auf die Spur zu kommen, eine Psychotherapie begonnen habe.

Als ich gegen Mitternacht als letzte aus dem Badezimmer komme und ins Bett gehen will, spüre ich die Anwesenheit meines Bruders im dunklen Wohnzimmer. Tatsächlich sitzt er da in der Dunkelheit. Warum? Mich erfaßt eine unbegreifliche Panik. Ich habe noch immer Angst vor ihm. Auch jetzt. Wovor? Ich bin erwachsen.

Wenn er etwas von mir möchte, kann er mich ansprechen. Ich gehe am Wohnzimmer vorbei ins Bett und schlafe in dieser Nacht sehr unruhig.

Frau Sommer hat seit der letzten Sitzung die Selbsthilfemöglichkeiten mehrmals angewandt und mit verschiedenen Körperregionen gesprochen. Unter anderem hat sie in ihren Kopf hineingefühlt, und die Migräne hat jeweils ohne die Hilfe von Medikamenten nachgelassen. Diese Erfolge haben Frau Sommer viel Mut gemacht; sie freut sich darüber, selbst Einfluß nehmen zu können.

Das Gefühl eigener Einflußnahme ist sehr wichtig für Frauen mit sexuellen Gewalterfahrungen, denn in den Mißbrauchssituationen mußten sie passiv bleiben und erleiden, wozu der Täter sie zwang. Die Entdeckung der Einflußnahme im Erwachsenenalter wirkt sich immer ermutigend und stärkend aus.

Bei Frau Sommer traten einige Tage nach diesen erfolgreichen Erfahrungen morgens Gefühle von Kraft- und Mutlosigkeit auf, die sie sich nicht erklären kann. Ich biete ihr an, die bisher hilfreiche Form des Gespräches mit dem Körper nun auch auf diese Gefühle anzuwenden.

Sie spricht die Kraft- und Mutlosigkeit in sich an. Sofort kommen ihr die Tränen: Alles Wehren hat in den Mißbrauchssituationen nichts genützt. Diese Erfahrung hat ihr Denken geprägt, und Kraft- und Mutlosigkeit kommen in vielen Situationen wieder auf.

Wir sprechen darüber, daß Kraft- und Mutlosigkeit reale Gefühle waren und mit einer klaren Berechtigung entstanden sind. Es ist wichtig, sie in diesem Zusammenhang zu verstehen und zu akzeptieren, sich aber andererseits mit dem Unterschied zwischen früher und heute zu beruhigen: Heute könnte sie sich wehren und damit Erfolg haben.

Frau Sommer weint fast die gesamte Zeit hindurch, kann nun aber besser mit ihrer Kraft- und Mutlosigkeit umgehen.

Frau Sommer wußte von Beginn der Therapie an, daß ich schwanger bin und mein Kind im Mai erwarte. Heute sprechen wir ausführlich über die bevorstehende Therapiepause.

Ich hatte im Januar gezögert, die Therapie mit Frau Sommer noch zu beginnen, weil ich weiß, wie schlimm eine längere Unterbrechung gerade in der ersten Zeit sein kann. Frau Sommer wollte aber unbedingt anfangen, vielleicht aus dem verzweifelten Gefühl heraus, daß es schlimmer wohl kaum noch werden könnte.

Als ich dann ihre Motivation und ihr zielstrebiges Arbeiten an sich selbst sah, wurde ich recht zuversichtlich, daß sie die drei Monate Pause ohne Schaden überstehen könnte. Die frühe Vorbereitung auf die Selbsthilfemöglichkeiten hat sie gut mitgetragen und Erfolge damit für sich verbuchen können.

Ich habe mit einer Freundin gesprochen, die mich in dringenden Fällen vertreten würde. Ich gebe Frau Sommer ihre Adresse. Außerdem biete ich ihr an, mich jederzeit anzurufen, wenn sie Hilfe braucht. Ich kann ihr zuhören und mit ihr gemeinsam überlegen, wie sie sich selbst helfen kann oder ob sie einen Termin mit meiner Freundin vereinbaren möchte.

Frau Sommer fühlt sich seit Beginn der Therapie schon deutlich besser und ist zuversichtlich, auch allein etwas weiter an sich arbeiten zu können. Sie hat sich überlegt, sich nun doch allmählich an ein Gespräch mit der Mutter heranzutasten, weil diese sich überraschenderweise nach ihrem Befinden erkundigt hat. Die Mutter erzählt ansonsten immer nur von sich, und Frau Sommer hört zu. Sie möchte diese ungewöhnliche Frage der Mutter nutzen und mit ihr über die Mißbrauchserfahrungen sprechen.

Mit Blick auf die bevorstehende Therapiepause ist Frau Sommer heute mit einem Entspannungstraining einverstanden. Sie benötigt einen ruhigen Abschluß der bisherigen Therapiephase. Mein Argument, daß sie die Entspannung in bestimmten Situationen zu Hause ebenfalls anwenden kann, macht diese für sie zu einem sinnvollen weiteren Schritt.

Therapiepause

Mein Mann wird im Oktober fünfzig Jahre alt. Wir können ihn zu einer Riesenfete überreden, bei der wir mit Freunden, Nachbarn und Familienmitgliedern in seinen Geburtstag hineinfeiern wollen. Die schriftlichen Einladungen sind mit viel Spaß und großem Aufwand selbst gefertigt. Wir schicken sie zwecks Terminplanung frühzeitig ab. Sie können alle kommen. Auch mein Bruder und seine Frau haben zugesagt, sie wollen unsere Mutter mitbringen. Bis es soweit ist, haben wir noch viel Zeit. Zunächst einmal steht uns der 81. Geburtstag meiner Mutter bevor. Ich will sie überraschen und plane einen Besuch bei ihr. Da ich Bedenken bekomme, unangemeldet bei ihr zu erscheinen, teile ich ihr mein Vorhaben kurz vorher bei unserem Wochenendtelefonat mit. Ihre Begeisterung hält sich in Grenzen. Sie nennt alle möglichen Gründe, warum ich besser zu Hause bleiben sollte. Es würde sich nicht lohnen für eine Woche, die Autobahnen wären jetzt so voll. Begriffsstutzig bin ich noch nicht. Ja sicher, dann komme ich ein andermal. Seitdem sie weiß, daß ich eine Psychotherapie mache, ist sie mir gegenüber sehr reserviert, wenn nicht sogar ablehnend. Die Kluft zwischen uns wird größer.

Am Telefon erzählt sie mir viel von dem, was sie bewegt. Wichtig ist nicht, daß ich am anderen Ende der Leitung sitze, sie will nur jemandem ihr Herz ausschütten. Sonst ist da niemand, der ihr richtig zuhört.

Aus den Medien hören wir neue Schreckensmeldungen, diesmal aus Jugoslawien. Einheiten der jugoslawischen Bundesarmee bringen die slowenischen Grenzstationen zu Österreich und Italien unter ihre Kontrolle, ziehen einen Belagerungsring um die slowenische Hauptstadt Ljubljana, und es kommt zum Bürgerkrieg.

Es gibt aber auch gute Neuigkeiten. Eine davon lese ich in unserer Tageszeitung. Meine Therapeutin hat entbunden, einen Sohn. Ich freue mich mit ihr und wünsche ihr und ihrem Sohn alles Gute.

Bei uns ist die Hausrenovierung dran. Den Zaun hat mein Mann allein gestrichen, eine öde Arbeit. Große Töpfe mit Farbe für den Außenanstrich werden nun besorgt, Leitern herausgeholt und Pinsel geschwungen. Viel Zeit geht dabei drauf, und es ist anstrengend. Das Haus hat einen speziellen Strukturputz, und mittlerweile macht uns die Hitze des Sommers zu schaffen. Eine Woche vor Ende des Werksurlaubs ist es geschafft. Alle Familienmitglieder haben geholfen. Wir erfreuen uns nach getaner Arbeit an unserem fertigen Werk. Es sieht wieder toll aus.

Obwohl es mir gesundheitlich erstaunlich gut geht, quäle ich mich wieder öfter mit der lästigen Migräne herum. Mit den erlernten Entspannungstechniken habe ich nicht mehr den gewünschten Erfolg. Ich schaffe es trotz großer Bemühungen nicht mehr, sie richtig einzusetzen.

Eines Tages erhalte ich einen Anruf meiner Schwägerin. Das Verhältnis zwischen uns ist nicht allzu eng und herzlich. Sie ist sehr aufgeregt und macht ihrem Ärger über ihre Schwiegermutter, meine Mutter, lauthals Luft. Den Grund kann sie gar nicht richtig benennen. Sie fühlt sich von ihr bis heute nicht akzeptiert. Ihre Kindheit sei so schön gewesen. Aber wegen meiner Eltern brauche sie auch eine Psychotherapie, die hätten sie fertiggemacht. Sie kann sich nicht beruhigen. Ich kann sie gut verstehen, nur helfen kann ich ihr nicht. Bei ihrer Hochzeit, so erzählt sie mir, habe meine Mutter ihr ihren Sohn übergeben mit sinngemäß folgenden Worten: Hiermit übergebe ich dir das Beste, das ich besitze. Hüte es gut.

Meine Schwägerin steckt voller Energie und ist sehr impulsiv. Sie kümmert sich auf ihre Art rührend um meine Mutter und ist trotz schwerer gesundheitlicher Handicaps immer da, wenn sie gebraucht wird. Als ich den Telefonhörer auflege, ist mir, als hätte ich keine Ohren mehr, und in meinem Kopf arbeitet es. Diese Art Anrufe mag ich nicht. Die Klagen kommen oft von beiden Seiten. Um mich einmischen zu können, liegen etwa 600 Kilometer zuviel dazwischen. Ich kann aus der Ferne die Situation nicht beurteilen und will es auch nicht. Die Beklemmung, die mich erfüllt, kann ich nicht so schnell abschütteln. Am nächsten Morgen erwache ich mit Kopfschmerzen. Es beginnt wieder eine schlimme Migräneattacke, die sich über mehrere Tage hinzieht.

Anfang August feiert mein Sohn seinen langersehnten 16. Geburtstag mit Freunden. Bis in den Spätsommer hinein geschieht nichts Außergewöhnliches. Schnell vergeht so eine Woche. Mein Mann geht wieder seiner Arbeit nach. Sehr zum Leidwesen meines Sohnes hat auch die Schule wieder begonnen. Seit ein paar Monaten hat er eine feste Freundin und deshalb noch weniger Zeit als vorher. Schule, Liebe, Hobbys und Pflichten, keine leichte Übung für die Jugendlichen, um allem gerecht zu werden. Sie werden erwachsen und lernen alle Vor- und Nachteile kennen.

Es gibt einen Spruch, an den ich mich in der Folgezeit wiederholt erinnere:»Die Freiheit des einen hört da auf, wo die Freiheit des anderen beginnt.«

Zwischen meinem Sohn und mir tauchen die ersten größeren Auseinandersetzungen auf. Er fühlt sich mit seinen sechzehn Jahren schon so erwachsen.

2. 8. 91

Nach drei Monaten sehe ich Frau Sommer zum erstenmal wieder. Sie hat zwischenzeitlich nicht angerufen, und ich bin davon ausgegangen, daß sie allein zurechtkam. Sie hat mir einen Glückwunsch zur Geburt unseres Sohnes geschickt, über den ich mich sehr gefreut habe. Ich bedanke mich dafür.

Nicht alle Klientinnen haben mit Freude auf mein Kind reagiert. Einige waren eifersüchtig und verletzt, weil sie wegen des Kindes auf meine Unterstützung verzichten mußten. Auch solche Reaktionen sind wichtig. In ihnen zeigt sich die Verletzung der Frauen in der Kindheit, in der sie zuwenig Zuwendung bekommen haben. Sie haben diese Gefühle noch nicht so weit verarbeitet, um sich ausreichend davon distanzieren zu können. Sie träumen noch von einer Erfüllung dieser kindlichen Sehnsüchte durch die Therapeutin, bis sie in der Lage sind zu ertragen, daß sie in der Therapie zwar einiges an fehlender Zuwendung aus der Kindheit nachholen können, die Therapeutin die Stelle der Mutter aber nicht einnehmen kann. Diesen Frauen ist es schlechter mit der Therapiepause ergangen als Frau Sommer, doch auch ihre emotionalen Reaktionen sind ein wichtiges Lernfeld für weitere Entwicklungen gewesen.

Frau Sommer ist in der Lage, trotz ihrer seelischen Verletzungen und Defizite Distanz zu anderen Menschen einzunehmen und deren Verhalten nicht auf sich persönlich zu beziehen. Darin zeigt sich ihre emotionale Reife. Ich frage mich manchmal, wie sie in ihrer Ursprungsfamilie diese Reife und auch ihren starken Willen entwickeln konnte. Vielleicht hat sie durch positive Erlebnisse mit ihrem Mann einige emotionale Defizite beseitigen können. Mißbrauchte Frauen sind für mich immer wieder ein Rätsel und wie ein Wunder mit dem, was sie trotz ihrer schädigenden Erfahrungen entwickelt haben.

Frau Sommer berichtet, daß die Migräne weiter aufgetreten ist. Sie war so häufig wie immer, aber weniger heftig. Die Übelkeit, die sie früher auch oft außerhalb der Migräneattacken hatte, ist nicht wiedergekommen. Der Magen scheint also ruhiger und entspannter geworden zu sein, und einige Erlebnisse und Gefühle sind offensichtlich verarbeitet.

Ich frage, was aus ihren Plänen zu einem Gespräch mit der Mutter geworden ist. Frau Sommer hat sie nicht angesprochen. Wegen der langen Therapiepause bin ich recht froh darüber, denn bei einer Abwehr der Mutter wäre es ihr sicherlich sehr schlecht gegangen. Vielleicht hat sie im Unterbewußtsein entschieden, diesen Schritt zur Zeit noch nicht ohne therapeutische Hilfe zu tun.

Frau Sommers Worte zeigen jedoch auch, daß sie die Mutter nach wie vor schützt und nach Entschuldigungen für ihr Desinteresse sucht. Sie kennt die Mutter nicht anders und kann sich nicht vorstellen, daß eine Mutter anders sein könnte: interessiert, besorgt, bemüht und warmherzig. Frau Sommer hat der eigenen Mutter gegenüber schon lange die Mutterrolle eingenommen und sich um sie gekümmert statt umgekehrt. Sie kennt es nicht anders. Sie spürt wohl Enttäuschung über das Verhalten der Mutter und kann dieses Gefühl auch akzeptieren, aber sie will sich nicht mit der Mutter auseinandersetzen, sondern zieht sich weiter aus dem Kontakt mit ihrer problematischen Ursprungsfamilie zurück. Sie spürt zwar deutlicher, wie kränkend

Mutter und Bruder weiterhin mit ihr umgehen, reagiert aber noch mit demselben Mechanismus, den sie schon als Kind als Überlebensstrategie anwandte: mit Rückzug.

Harte Arbeit

In den nun folgenden Sitzungen lerne ich Entspannungstechniken, die ich auch zu Hause anzuwenden versuche. Es ist wenigstens etwas, das ich den Migräneanfällen und den langen, sinnlos erscheinenden Tagen, in denen mich die Depression erneut gefangenhält, entgegensetzen kann.

Die Liege im Zimmer meines Sohnes ist für mich der ideale Übungsplatz. Wenn ich Migräne habe oder stark depressiv bin, lege ich mich hin und probiere das Gelernte aus. Am Anfang sicher noch etwas ungeschickt, aber nach einiger Zeit spüre ich die ersten richtigen Erfolge. Die Tage, an denen es mir besser geht, werden häufiger, und ich werde mutiger.

Ich merke, ich muß den Druck und die Anspannung aus meinem Kopf bekommen. Manchmal schaffe ich es mit Eisbeuteln. Auch Schnupftabak nehme ich sehr gern, verhilft er mir doch oft zu einem freien Kopf; das Niesen erleichtert. Weinen ist ebenfalls hilfreich.

Wenn ich wirklich eine dauerhafte positive Entwicklung erreichen will, muß ich an die Ursachen heran. Und die liegen nun einmal, ganz klar für mich, in den Gewalterlebnissen meiner Kindheit.

Gleichzeitig mit dem Erlernen der Entspannungstechniken gehen die Gespräche weiter. Sie sind sehr wichtig für mich, auch wenn die Erkenntnisse oft tief schmerzen. Immer wieder werde ich ermutigt, meinen Gefühlen mehr zu trauen.

Um besser verstehen zu können, verschlinge ich an Literatur zu dem Thema alles, wovon ich glaube, daß es mir weiterhilft.

Mit Hilfe der Therapeutin versuche ich bei Auftreten von Migräneattacken jedesmal an das auslösende Geschehen zu kommen. Allmählich erkenne ich, daß der Anlaß dafür immer damit zu tun hat, daß jemand ganz offensichtlich meine Grenzen verletzt oder ich mich bewußt, meistens aber unbewußt an eigene Gewalterlebnisse erinnere. Ich muß bei Migräne immer nach einem Ereignis suchen, das einen Tag oder wenigstens mehrere Stunden davor stattgefunden und nach meinen Erfahrungen bisher immer in irgendeiner Form mit Gewalt zu tun hat. So kann es z. B. geschehen, wenn ich mit meiner Mutter telefoniere oder mit meinem Bruder und dessen Familie, daß ich einen Tag später einen Migräneanfall bekomme.

Auslöser können aber auch Berichte im Fernsehen über mißbrauchte Kinder oder vergewaltigte Frauen, wie z. B. in den Internierungslagern des vom Krieg zerrissenen ehemaligen Jugoslawien, sein.

Nun begreife ich endlich, warum meine Therapeutin es für wichtig hält, daß ich mich mit meiner Mutter und meinem Bruder auseinandersetze. Ich erschrecke fürchterlich, nur das nicht. Das will ich nicht. Zweifel kommen wieder; vielleicht gibt es für alles doch noch eine andere Deutung. Ich habe Angst davor, jemandem weh zu tun. Ihre Frage, wer damals Angst hatte, mir weh zu tun, gibt mir zu denken.

Den Vorschlag, in einem Brief meiner Mutter alles mitzuteilen, lehne ich sofort ab. Ich habe große Befürchtungen, sie könnte in ihrem hohen Alter gesundheitlichen Schaden nehmen. Außerdem, wenn überhaupt, sollte ich zuerst das Gespräch mit meinem Bruder suchen. Noch bin ich aber unfähig dazu. Allein bei dem Gedanken daran packt mich das Grauen vor all dem Unbekannten, das auf mich zukommen könnte.

Bei unseren wöchentlichen Telefongesprächen befrage ich meine Mutter immer wieder nach Einzelheiten aus meiner Kindheit, sie blockt ab. Sie ist entrüstet: Wir sind doch eine ehrbare Familie! Wieso sagt sie so etwas? Ich werde hellhörig. Meine Mutter ist nur so weit bereit, auf meine Fragen einzugehen, wie sie möchte. Sonst weicht sie aus, fängt andere Themen an.

Ich versuche es und schreibe einen Brief an sie. Ich schließe die Augen und stelle mir in Gedanken vor, daß ich am Briefkasten stehe und das Schriftstück hineinwerfe. Anschließend verspüre ich etwas Erleichterung, zerreiße den Brief in kleine Schnipsel und spüle ihn durch die Toilette. Zu mehr, zu einer persönlichen Konfrontation, bin ich im Augenblick noch nicht bereit.

Im Verlaufe der Therapiestunden habe ich erkannt, daß das Verhalten meines Bruders und meiner Oma kein verspätetes Doktorspiel, keine merkwürdige Aufklärung und auch kein einmaliger Ausrutscher war. An diese beiden Mißbräuche habe ich ja außerdem seit ihrem Geschehen eine bewußte Erinnerung. Erst in der Psychotherapie ist es mir gelungen, mich an weitere Mißbräuche zu erinnern. Geschehen sind sie in der frühesten Kindheit. Möglicherweise begangen durch den schon erwähnten russischen Soldaten. Es gibt keine Zeugen, und ich bin mir nicht sicher, ob er es war.

In der Vergangenheit, vor der Therapie, hatte ich nicht die Chance, zu durchschauen, was mit mir geschehen ist. Nun, da sich der Schleier meiner Naivität und der Unwissenheit hebt, muß ich einsehen, daß es bei sexuellem Mißbrauch, bei Inzest und Vergewaltigung um Macht und Machtmißbrauch geht. Um die Macht des Täters über das Opfer.

Um verstehen zu können, muß ich mich mit der Frage beschäftigen: Welchen Stellenwert haben Lust und Macht in der Sexualität des Täters? Ich versuche Machtstrukturen zu durchschauen. Männer lernen viel eher, Probleme mit Hilfe der Sexualität und der Darstellung ihrer Macht zu lösen. Über sexuelle Ausbeutung befriedigen diese Täter ihr Macht- und Dominanzbedürfnis. Täter können aus allen sozialen Schichten kommen. Ich habe gelernt, daß die männliche Sexualität keine unkontrollierbare Kraft ist, die den Täter irgendwann überfällt. Dies wäre die Theorie des überhitzten, unkontrollierten Dampfkessels. Nein, er ist sehr wohl »Herr seiner Triebe«.

Es fällt mir nicht leicht, zu akzeptieren, daß die meisten Täter ihre Taten in der Phantasie im voraus planen. Die Schäden können um so schwerer sein, je jünger das Opfer ist. Wichtig ist es für mich zu wissen, daß die Täter in ihrer Kindheit wahrscheinlich selbst auch einmal Opfer waren. So läßt sich erklären, daß sich sexueller Mißbrauch oft durch mehrere Generationen zieht. Für ihre Taten tragen die Täter jedoch die volle Verantwortung.

Hier taucht für mich eine Frage auf, die mich sehr quält: Konnte ich den sexuellen Mißbrauch bei meinen eigenen Kindern verhindern? Weiß der Himmel, ich habe es versucht. Besonders bei meiner Tochter habe ich auf Anzeichen geachtet und durch Erziehung und genaue Aufklärung ihr die Möglichkeit geben wollen, sich selbst zu schützen. Oft bin ich auf Unverständnis gestoßen. Vielleicht habe ich auch übertrieben. Wer selbst nicht mißbraucht und auch nie mißbraucht worden ist, kann die Angst wohl nicht verstehen. Mit Sicherheit habe ich Fehler in der Erziehung meiner Kinder gemacht, obwohl ich alles anders machen wollte als meine Eltern.

Einen Zwischenfall werde ich nie vergessen. Meine erste Kur ist genehmigt. Die Lust zu fahren ist nicht groß, aber ich muß meine Kraftreserven wieder auffüllen. Mein Sohn ist vier und meine Tochter vierzehn Jahre alt.

Sie denkt sich nichts dabei, wenn sie nackt mal eben ins Bad geht oder schnell in die Küche flitzt. Und doch merke ich, sie kokettiert etwas mit ihrer Weiblichkeit, will die Grenzen ein bißchen ausprobieren. Eine völlig normale Entwicklung, und doch macht sie mir angst.

Mir fällt es nicht leicht, aber ich mache meinen Mann darauf aufmerksam. Er hat es auch schon bemerkt. Ich sage ihm, daß es Väter gibt, die das als Aufforderung auffassen und dann ihre Tochter mißbrauchen. Ich glaube nicht, daß er dazu gehört. Trotzdem: Es ist eine eindeutige Warnung. Mein Mann hat mich nicht verstanden und mir mein Verhalten lange nachgetragen.

Konnte ich sie also schützen? Diese Frage erörtern wir in der nächsten Therapiestunde. Meine Therapeutin meint, ich solle meine Kinder einfach danach fragen. Sie erklärt mir mögliche Reaktionen der beiden, und wir sprechen darüber.

Noch verfolgen unsere Sprößlinge den Verlauf meiner Psychotherapie ohne großes Interesse und kennen auch den Inhalt nicht. Mein Mann und ich sprechen darüber, wenn wir allein sind, und achten sorgsam darauf, keine Bücher oder Unterlagen herumliegen zu lassen. Sohn und Tochter staunen aber doch über die gesundheitliche Veränderung, die bei ihrer Mutter stattfindet, und freuen sich. Sie merken, es fällt mir alles ein wenig leichter, und ich habe weniger oft Migräne.

Ermutigt durch das Gespräch mit der Therapeutin, warte ich auf eine passende Gelegenheit. Dann stelle ich jedem meiner Kinder einzeln die Frage und gebe ein paar Hinweise, warum mir ihre Antwort so wichtig ist. Nach außen hin wirke ich ruhig, aber das Herz sitzt mir in der Hose, und ich fürchte mich vor ihrer Antwort. Was mache ich, wenn...? Beide antworten aber mit einem klaren

Nein. Der große Stein, der mir vom Herzen fällt, könnte irgendwo in der Heide als Findling liegen.

Meine Therapeutin weist mich auf einen Selbstverteidigungskurs für Frauen und Mädchen hin, den ihr Mann leitet. Er soll im September beginnen. Mein Interesse ist geweckt, gleichzeitig kommen mir Bedenken, da ich schon siebenundvierzig Jahre bin und um Sport immer einen großen Bogen gemacht habe. Wir sprechen darüber, es scheint hauptsächlich um das Erlernen von Techniken zu gehen. So lasse ich mich vormerken.

9. 8. 91

Mit dem Gedanken, ihr zu zeigen, wie eine Mutter sich in unterstützender Weise verhalten kann, wenn ihre Tochter sexuell mißbraucht wurde, leihe ich ihr den Bericht einer Mutter. Darin wird die Aufdeckung des Mißbrauchs aus der Sicht und mit den Gefühlen der Mutter geschildert. Diese Mutter konnte ihr Kind vor weiterem Mißbrauch schützen. Sie setzt sich mit ihren Gefühlen darüber auseinander, daß sie den Mißbrauch lange Zeit nicht erkannt hat und vielleicht aus Angst und Entsetzen nicht hinsehen wollte.

Frau Sommer hat am vergangenen Wochenende ihr übliches Telefongespräch mit ihrer Mutter geführt und anschließend drei Tage lang Migräne gehabt. Sie spürte im Gespräch die Gewißheit in sich, daß die Mutter nichts wissen will. Frau Sommer hat die Bereitschaft der Mutter mit einem weniger bedrohlichen Ereignis geprüft. Die Mutter hat nur mit Abwehr reagiert.

Wir arbeiten daran auf der Matte. Als Methode biete ich Frau Sommer an, sich die Mutter für ein imaginäres Gespräch vorzustellen. Sie sieht die Mutter sofort wie aus Stein gehauen vor sich sitzen. Die Mutter will nichts hören. Frau Sommer weint. Ich bitte sie, die Mutter auf das Weinen und damit auf ihre seelische Verletzung hinzuweisen. Die Mutter beginnt ebenfalls zu weinen und beschäftigt sich nur noch mit ihrem eigenen Leid.

Frau Sommer berichtet der imaginären Mutter dann doch entschlossen vom sexuellen Mißbrauch, ob diese zuhören will oder nicht. Sie weint dabei und spürt einen intensiven Schmerz in der Brust. Ich schlage vor, die Mutter zu fragen, weshalb sie nicht auf die Tochter geachtet hat. Wieder kommen Frau Sommer die Tränen. Die Mutter reagiert nicht.

Frau Sommer beendet das imaginäre Gespräch. Sie fühlt sich besser, obwohl die Mutter sich so verhalten hat, wie sie es befürchtete. Kopf und Brust fühlen sich erleichtert. Es hat ihr geholfen, vor ihrem inneren Auge zu sehen, daß die Mutter vom Mißbrauch wirklich nichts wissen will. Bisher hat sie es nur vermutet.

Wir sprechen über den Unterschied zwischen einem Verständnis für die Unfähigkeiten der Mutter und der Verantwortung, die sie dennoch für ihre Kinder trägt. Frau Sommer beginnt diesen Unterschied zu fühlen.

Ich schlage ihr vor, einen ausführlichen Brief mit all ihren Gedanken und Gefühlen an die Mutter zu schreiben. Sie braucht diesen Brief nicht abzuschicken, denn erfahrungsgemäß schafft es schon emotionale Erleichterung, sich einen Ausdruck für die Gedanken und Gefühle zu erlauben. Allein die Vorstellung, die Mutter könnte den Brief lesen und müßte sich damit auseinandersetzen, wirkt heilend. Ich schlage Frau Sommer außerdem vor, sich in ihrer Phantasie auszumalen, wie ihr Leben verlaufen wäre, wenn die Mutter sie geschützt hätte.

Dieser Vorschlag dient der Reorganisation, dem Suchen nach einer positiven Lösung. Die Vorstellung einer guten Mutter wirkt heilend und kann viele Ideen anregen, anders mit Situationen umzugehen.

Der Blick zurück

Es ist der 14. März 1965, ein Sonntag. Nach einer schweren Entbindung kommt unsere Tochter um 16.50 Uhr in diese Welt. Ein unbeschreiblich schönes Gefühl. Seitdem wir von ihrer Existenz wissen, haben wir uns sehr auf sie gefreut. Wir ahnen damals die Schwierigkeiten, die auf uns zukommen werden, aber sind festen Willens, sie zu meistern. Glücklicherweise bin ich gerade zum richtigen Termin mit der Ausbildung fertig. Ich bin einundzwanzig, und mein Mann ist dreiundzwanzig Jahre alt. Er hat sich von ganzem Herzen eine Tochter gewünscht. Nun ist sie da! Zwar noch etwas blau und schrumpelig, aber für mich das schönste Baby der Welt. Sechs Wochen vor der Geburt hatte ich eines Nachts schwere Blutungen, und ich bin heilfroh, daß sie noch so lange durchgehalten hat.

Zu diesem Zeitpunkt haben wir eine kleine Wohnung bekommen, parterre in einem Einfamilienhaus. Mein Mann hatte wochenlang gesucht, dann hatte er Glück. Preisgünstige Wohnungen sind auch damals schon Mangelware. So wohnen wir nun in einem kleinen Dorf in Süddeutschland. Wir sind fremd hier. Ein Wohnzimmer, ein Schlafzimmer, über den Flur geht es zur Küche. Alles klein und alles eiskalt. Die Außenwände von Schlafzimmer und Küche sind in den Wintermonaten oft mit einer Eisschicht bedeckt. Ein Ölofen im Wohnzimmer ist die einzige Wärmequelle.

Das Gehalt meines Mannes reicht noch nicht einmal zum Notwendigsten. Uns geht es finanziell sehr schlecht, und es fehlt noch so viel. Wir wissen nicht, wovon wir Heizöl, Kartoffeln und all die anderen wichtigen Dinge bezahlen sollen. Windeln und Leibwäsche koche ich in einem alten Einwecktopf auf dem Gasherd aus.

Eine einfache Schlafzimmereinrichtung und Federbetten haben wir von den Eltern und Schwiegereltern zur Hochzeit bekommen. Die übrige Einrichtung besteht aus ausgedienten Möbelstücken meiner Eltern.

Stillen kann ich schon nach kurzer Zeit nicht mehr, ich habe zuwenig Milch. Babynahrung ist zwar teuer, muß aber sein.

Eines Nachts, als der Ölofen im Wohnzimmer ausgeht, erfriert sich meine Tochter beide Händchen. Sie sind rot, aufgedunsen und dick. Rechts stärker als links. Sie ist erst wenige Wochen alt. Verzweiflung überkommt mich, ich weine hemmungslos. Vorsichtig beginne ich, die kleinen Händchen zu erwärmen und leicht mit Öl zu massieren. Nach einem schönen warmen Fläschchen sieht alles nicht mehr so schlimm aus. Die Schwellung geht langsam zurück. Bis die schlimmste Kälte vorüber ist, bekommt sie von nun an nachts Handschuhe an.

Unsere finanzielle Situation wird so schlecht, daß ich mich entschließe, sechs Wochen nach der Entbindung wieder arbeiten zu gehen. Wir kaufen uns vom Stillgeld der ersten Wochen für 500 DM ein altes Auto. Ich übernehme die Stelle als Nachtschwester in dem kleinen Krankenhaus im nächsten Ort, in dem meine Tochter geboren wurde, unter der Bedingung, daß ich mein Kind mitbringen kann.

Für die Zeit, in der ich nachts arbeite, habe ich sie in einem kleinen Raum neben dem Neugeborenenzimmer auf der Entbindungsstation untergebracht. Da wir mit zwei Nachtschwestern das ganze Haus bewachen, habe ich Gelegenheit, bei meinen Rundgängen auch mein Kind zu versorgen. Die ganze Familie ist in dieser Zeit überfordert. Keiner unserer Angehörigen bietet uns in irgendeiner Weise wirkliche Hilfe an. Meine Eltern haben ihre finanzielle Durststrecke nach dem Hausbau hinter sich. Sie schaffen sich die ersten pelzgefütterten Ledermäntel an, und das Ersparte legen sie für schlechte Zeiten zurück. Mir geben sie den guten Rat, mir unbedingt eine gute Waschmaschine zu kaufen. Ja, aber wovon denn? Ich denke es mir, zu sagen wage ich es nicht. Sind sie blind? Bei Besuchen geben sie uns Konserven mit, und wir sind sehr dankbar dafür. Später, als es uns längst nicht mehr so schlechtgeht, werden sie uns einen Wohnzimmerschrank spendieren. Als meine Schwiegereltern uns einmal fragen, was wir dringend benötigen, schreibe ich ihnen den Bedarf an Kinderbettwäsche zum Wechseln. Sie schicken uns gebrauchte Bettwäsche von sich, jedoch auf Kindergröße umgearbeitet. Auch sie sparen eisern. Was mein Vater uns in den ersten Wochen noch spendiert, ist eine Großpackung mit einhundertvierundvierzig Kondomen. Als der Postbote das Päckchen bei mir abliefert, hat die Verpakkung ein Loch. Jemand hat nachgebohrt, um zu sehen, was sich darin befindet. Es ist mir sehr peinlich.

Was mein Vater nicht weiß, ist, daß ich mir zu diesem Zeitpunkt die Pille verschreiben lasse. Auf mein Bitten hat mir meine Hausärztin widerstrebend die neueste Errungenschaft der Zivilisation verordnet. Es ist eine schwere Zeit für uns, wir müssen mit vielen Problemen fertig werden. Wir meistern sie mit der Unbekümmertheit unserer Jugend gemeinsam. Vielen anderen jungen Paaren geht es ähnlich.

Später wird mich meine Therapeutin einmal fragen, weshalb ich mich für diesen, meinen Mann entschieden habe. Nach kurzem Nachdenken werde ich antworten: Er tat mir einfach gut nach dem Streß im Elternhaus. Ich mag seine ruhige Art, die Zuverlässigkeit und das Gespräch mit ihm.

Schwierigkeiten bereitet mir schon nach den ersten Wochen unseres Zusammenlebens die andere Seite der Partnerschaft: die Sexualität. Ich weiß, sie gehört dazu und ist wichtig. Gleichzeitig macht sie mir angst und überfordert mich ganz einfach. Von da ab mache ich die Erfahrung, daß ein Schluck Alkohol bei mir eine innere Schranke öffnet.

Soviel Nähe kann ich nicht immer zulassen. Mir wird bewußt, daß ich einige der üblichen Sexualpraktiken nie ausführen werde und daß Küsse kein Genuß für mich sind, ich ekle mich davor. Einige Zeit wird es noch brauchen, bis ich es vor mir zugeben kann. Ich bin oft müde. Irgendwann zwischen Kindheit und Therapie wird es deutlich, daß ich immer unheimlich müde bin, erst recht, wenn ich Probleme habe und nicht ein noch aus weiß.

Die Wochen vergehen! Der Nachtdienst ist anstrengend, lange halten wir das bestimmt nicht durch. Wenn der Schichtdienst meines Mannes es ermöglicht, fährt er mich und unsere Tochter abends zur Arbeit. Morgens, bevor er selbst zur Arbeit fährt, holt er uns von der Klinik ab. Zuweilen muß ich den Weg mit dem Kinderwagen zu Fuß machen. Aber es ist inzwischen Frühling geworden und unsere »Eisbude« somit gemütlicher. Erst jetzt bemerken wir, wie schön die Umgebung ist, wunderschön. Auch mit dem Geläut der Kirchenglocken uns gegenüber haben wir uns ausgesöhnt.

Seit einiger Zeit plage ich mich mit einem starken Husten herum. Anstatt zu verschwinden, werden die Hustenanfälle immer stärker, besonders nachts. Ich kann mich nicht entsinnen, je so einen starken Husten gehabt zu haben. Leichtes Fieber gesellt sich hinzu. Ich konsultiere einen Arzt, beschreibe ihm meine Beschwerden und weise ihn darauf hin, daß ich einen Säugling zu versorgen habe. Meine Sorge, Keuchhusten zu haben, sei unbegründet, sagt er. Mit einer Krankmeldung und Halspastillen verlasse ich die Praxis. Bürstenmassage für den Rücken soll ich machen. Der Husten bleibt hartnäckig und schlimm. Nachts bekomme ich wenig Schlaf. Ich fühle mich geschwächt, und es fällt mir schwer, mein Kind zu versorgen. Mein Mann ist sechshundert Kilometer weit entfernt zu Besuch bei seinen Eltern.

In der Hoffnung, meine Eltern könnten mir in diesem Zustand helfen, packe ich ein paar Sachen zusammen und fahre kurzentschlossen mit meiner Tochter zu ihnen. Die Bahnfahrt fällt mir schwer. Sie sind gar nicht begeistert, ich merke, daß sie mein Ansinnen als Zumutung empfinden, sie lassen mich das auch deutlich spüren. Außerdem erwarten sie Besuch von einer Verwandten. Ich kann zwei oder drei Nächte auf dem Sofa im Wohnzimmer schlafen, mein Kind im Kinderwagen neben mir.

Besonders nachts huste ich mir die Lunge aus dem Leib. Die Hustenanfälle sind so stark, daß ich mich einige Male übergeben muß. Ich fühle mich elend, bei der Versorgung der Kleinen hilft mir niemand. Mein Mann ist zurück und holt mich nach Hause. Als mein Husten etwas nachläßt, fängt meine Tochter an zu husten. Die Kinderärztin diagnostiziert Keuchhusten. Sie hat sich mit Sicherheit bei mir angesteckt. Also doch Keuchhusten! An den Tatsachen kann man nichts mehr ändern, aber ich bin wütend auf meinen Hausarzt.

Meine Tochter ist gerade drei Monate alt, und es kommt eine böse Zeit auf uns zu. Die Hustenanfälle werden bei ihr immer schlimmer. Sie bekommt dabei schwer Luft und läuft blau an. Die Kinderärztin läßt sie in unserer Obhut und gibt uns den Rat, den Oberkörper unserer Tochter etwas höher zu lagern, damit sie besser abhusten kann. Wir versuchen abwechselnd nachts wach zu bleiben, um sie dann bei einem Anfall hochzunehmen. Zwischen den Anfällen schläft sie immer ganz erschöpft ein. Das ständige Husten scheint sehr an ihren Kräften zu zehren. Es sind anstrengende Tage und Nächte für uns alle.

Auch ich fühle mich müde und schlapp und am Ende meiner Kraftreserven, als es für meine Tochter und mich zu einem dramatischen Ereignis kommt.

Zur Mittagsmahlzeit habe ich angefangen, statt des Fläschchens etwas Vollmilchbrei zu füttern. Diesmal mische ich ein bißchen gekochten Pfirsich darunter. Er ist kleingeschnitten und mit der Gabel zerdrückt. Da sie krank ist, hat sie keinen großen Appetit. Danach nuckelt sie etwas Tee aus dem Fläschchen und bekommt anschließend frische Windeln. Ich beschäftige mich noch einige Zeit mit ihr. Dann lege ich sie zum Schlafen in ihr Bettchen, unter ihren Rücken ein Federkissen, damit sie mit dem Oberkörper etwas erhöht liegt. Sie ist müde und schläft gleich ein.

Im Wohnzimmer räume ich die Gegenstände weg, die wir benutzt haben. Das schmutzige Geschirr nehme ich mit in die Küche. Ich erwarte meinen Mann, der bald von der Frühschicht nach Hause kommt. Dann soll es Milchreis mit Zimt und Zucker geben.

Ich bin mit den Vorbereitungen in der Küche beschäftigt, als ich plötzlich eine fürchterliche innere Unruhe verspüre. Ich weiß sofort, meine Tochter ist in Gefahr. Ihren Schrei nach mir höre ich nur innerlich, er ist in mir drinnen. Eine böse Vorahnung erfaßt mich. Ich reiße die Tür auf und renne an ihr Bettchen. Obwohl ich Krankenschwester bin, packt mich bei ihrem Anblick großes Entsetzen. Sie ist etwas nach unten gerutscht, und das Kissen bedeckt zu einem Teil ihr Gesicht. Ich sehe zwei schlaffe Ärmchen neben dem Körper seitwärts auf dem Laken liegen. Voller Panik reiße ich sie hoch. Ihr Gesicht ist eigenartig graublau, die Augen ausdruckslos, sie atmet nicht mehr. Sie ist tot, schießt es mir durch den Kopf. Mein Gott, hilf mir, sie ist doch noch so klein. Sie scheint sich beim Husten übergeben zu haben und hat dann keine Luft mehr bekommen.

Es geschieht alles in Bruchteilen von Sekunden, aber ich nehme es wie in Zeitlupe genau wahr. Mit dem leblosen Baby auf dem Arm renne ich los. Wir wohnen auf dem Dorf, und wir haben kein Telefon. Mein Mann ist noch nicht von der Arbeit zurück. Bis ich ein Telefon finde und Taxi oder Krankenwagen kommen können, ist es zu spät. Wenn meine Tochter überhaupt noch eine Chance hat, muß es mir gelingen, einen Nachbarn zu finden, der mich sofort ins Krankenhaus fährt. Am gegenüberliegenden Haus klingele ich Sturm. Es wird sofort geöffnet, ein Blick auf mein Kind, die Nachbarin hat gleich verstanden. Sie holt schnell den Autoschlüssel. Wir rasen los. Auf mein Bitten hin bei Rot über die Kreuzung. Keiner wird dabei gefährdet. Obwohl ich alles, was mir einfällt, versuche, atmet meine Tochter immer noch nicht. Als ich gegen Ende der Fahrt einen kleinen Seufzer bei ihr höre, wird mir eiskalt. Ich glaube in meiner Verzweiflung, daß dies ihr letzter Atemzug sei und sie nun wirklich tot ist. Daß ich mich, Gott sei Dank, täusche, weiß ich in diesem Moment noch nicht. Sie muß statt dessen ein klein wenig Luft bekommen haben. Im Krankenhaus angekommen, renne ich die mir bekannten Flure entlang bis zum Operationstrakt. Eine Schwester nimmt mir sofort das leblose Kind ab. Ich möchte schreien, aber es kommt kein Ton heraus. Qualvolle Minuten, die ich im Wartezimmer verbringe. Ich hoffe auf die Kunst der Ärzte, aber Wunder können auch sie nicht vollbringen.

Und doch! Plötzlich geht die Tür auf, die Schwester, die mir mein Kind abgenommen hat, holt mich herein. Sie sagt etwas zu mir, aber es dringt nicht zu mir durch. Ich sehe nur mein kleines Mädchen auf einer viel zu großen Liege. Es lebt, sie hat wieder Leben in den Augen, rosige Farbe im Gesicht und atmet. Sie atmet wieder! Ich kann es gar nicht fassen. Sie sieht noch sehr mitgenommen aus. Der Doktor schiebt das Absauggerät zur Seite und legt mir meine Tochter in den Arm. Ein unbeschreibliches Glücksgefühl durchströmt mich, und ich bedanke mich mehr als einmal bei allen. Sie freuen sich mit mir.

Mein Mann steht plötzlich neben mir. Er ist ganz außer Atem und kalkweiß im Gesicht. Eine Nachbarin hat ihn zu Hause abgefangen und berichtet, was geschehen ist. So ist er bei uns und erlebt den glücklichen Ausgang des Geschehens.

Nun kommt noch ein Problem auf uns zu. Der diensthabende Arzt sieht die Notwendigkeit, das Kind noch ein paar Tage in ärztlicher Beobachtung zu belassen. Hier in diesem kleinen Krankenhaus ist es aber nicht möglich, da sie keine Kinderstation haben. Sie können nur im Notfall helfen. Er gibt uns den Rat, das Kind von unserer Kinderärztin in die dreißig Kilometer entfernte Uni-Kinderklinik überweisen zu lassen.

Wir fahren sofort los. Während der Autofahrt fängt unsere Tochter plötzlich an zu krampfen. Nach wenigen Minuten ist es vorüber. Dies ist auch der Grund, daß wir bei der Kinderärztin nur einen kurzen Stopp einlegen. Ich informiere sie, erhalte die Überweisungspapiere, und dann fahren wir durch bis zur Kinderklinik. Wir hoffen, daß wir sie dort in kompetente Hände geben werden. Als wir uns von ihr verabschieden und ich sie der Schwester gebe, merke ich, wie stark mir die Knie zittern. Ich bin fix und fertig. Die Tränen kann und will ich auch nicht mehr zurückhalten. Bedrückt und still fahren wir durch die Dunkelheit nach Hause.

Im Flur liegt als stummes Zeugnis eine Babysocke, die wir in der Panik verloren haben. Ich hebe sie auf. Die Tränen fließen. In mir will die Anspannung nicht weichen. Wir stehen am leeren Kinderbettchen. Ich kann das Federkissen nicht mehr sehen, es riecht nach Tod. Den Kissenbezug werfe ich weg, aber auch das Inlett riecht danach. Es wandert gleichfalls in den Müll.

Fast vier Wochen liegt unsere Tochter auf der Kinderstation. Da sie Keuchhusten hat, ist sie auf der Infektionsstation untergebracht. Wir dürfen nicht zu ihr. Bei unseren Besuchen trennt uns ein dickes Glasfenster voneinander. Am Anfang scheint sie uns noch zu kennen, später nicht mehr. Nach Absprache mit dem Stationsarzt bringen wir ihr die Flaschennahrung mit, die sie von uns bisher bekommen hat. Unsere Angst um sie weicht, es treten keine Komplikationen und keine Krampfanfälle mehr auf.

Ich fange jedoch an, verstärkt unter irrationaler Angst und Schuldgefühlen zu leiden. Ansonsten habe ich mich von Krankheit und Strapazen körperlich gut erholt, als wir unsere Tochter nach knapp einem Monat wieder mit nach Hause nehmen dürfen. Sie ist stark abgemagert, doch es gelingt mir schnell, sie mit sechs Mahlzeiten pro Tag wieder aufzupäppeln. Sie entwickelt sich gut und scheint auch keine offensichtlichen Schäden nach dem Sauerstoffmangel im Gehirn davongetragen zu haben. Wir haben großes Glück gehabt.

Mir fällt auf, daß sich meine Beziehung zu dem Kind verändert hat. Bis zu dem dramatischen Zwischenfall vor einem Monat, der sie fast das Leben gekostet hat, habe ich sie wie eine lebende Puppe mit der Unbekümmertheit meiner Jugend versorgt. Oft war ich verzweifelt, wenn ich nicht wußte, warum sie schrie. Ich habe mich genau an schlaue Bücher gehalten. Ich wurde ungeduldig und ungerecht, wenn ich mit den vielen neuen Dingen, die auf mich einstürmten, nicht zurecht kam. Plötzlich bin ich nur noch froh, daß ich sie habe, daß sie da ist. In dieser Zeit habe ich gelernt, mehr auf mein Gefühl zu achten. Ich habe die Erfahrung gemacht, daß sich dann die Dinge besser entwickeln. Alle Schwierigkeiten sind damit aber nicht vom Tisch, es gibt noch reichlich davon.

Irgendwann in der darauffolgenden Zeit bekomme ich meinen ersten Migräneanfall. Alpträume nehme ich nun bewußt wahr. Ein Alptraum belastet mich lange: Ich töte meinen Vater. Wie, weiß ich nicht. Er ist tot.

Die Sonne scheint. Ich sehe Bäume, Laub und Zweige. Ein milder warmer Frühsommertag. Ich habe meinen Vater umgebracht. Im Wald versuche ich, ihn zu verscharren, es soll keiner sehen. Sosehr ich mich auch bemühe, ich schaffe es nicht. Die Angst lähmt mich. Immer wieder liegt er in gekrümmter Haltung vor mir auf dem Waldboden. Ich kann in sein Gesicht sehen. Die Augen sind geschlossen. Er ist tot, und ich weiß, ich habe ihn getötet. Warum ihn, warum Mord?

Nach dem Erwachen bin ich immer noch der Meinung, das alles ist Realität. Ganz langsam läßt die Beklemmung etwas nach, als ich begreife, daß es ein Traum ist.

Sechsundzwanzig Jahre danach versuche ich wie ein Detektiv aufzuspüren, wie die Migräne, die so offensichtlich psychische Ursachen hat, entstanden ist. Ich ahne zwar jetzt, daß der dramatische Vorfall mit meiner Tochter der Auslöser dafür ist, aber ich weiß nicht so genau, wie alles zusammenhängt.

In der nächsten Therapiestunde setzen wir wieder einmal ein

Puzzle zusammen. Nun sehe auch ich den Zusammenhang zwischen der eigenen Erstickungsangst bei den Erlebnissen in meiner Kindheit und der von mir erlebten Erstickungsgefahr bei meiner kleinen Tochter deutlich als Auslösefaktor für den Beginn der Migräne.

15. 8. 91

Frau Sommer hat den Brief an die Mutter geschrieben, ist zum Briefkasten gegangen und hat so getan, als schickte sie ihn ab. Anschließend hat sie den Brief in kleine Schnipsel zerrissen und in die Toilette geworfen. Danach fühlte sie sich erleichtert, und die Migräne war weg. Heute morgen meldete sie sich pünktlich zur anstehenden Therapiestunde zurück, wie Frau Sommer es ausdrückt. Sie meint, das komme daher, daß sie sich vorgenommen habe, an der Situation zu arbeiten, in der die Tochter beinahe erstickt wäre.
Auf der Matte erinnert sie sich an alle Einzelheiten und schildert sie im Detail. Der Rat der Ärztin, das Kind wegen des Hustens hoch zu betten, wäre dem Baby beinahe zum Verhängnis geworden. Ich spüre eigene Gefühle, Ängste und Tränen. Mein Sohn ist gerade drei Monate alt, und Frau Sommers Schilderung entspricht dem Schlimmsten, was ich mir vorstellen kann. Ich atme tief durch und akzeptiere die Angst und den Schmerz in mir.
Vor der geschilderten Situation hatte Frau Sommer ein zwiespältiges Gefühl zu ihrer Tochter. Sie träumte, das Kind sei vom Bruder. Dieser Traum spiegelt die Ängste, die sie nach dem Mißbrauch durch den Bruder vermutlich hatte. Er hatte gesagt, so würden Kinder gemacht, aber er passe auf.
Während der Schwangerschaft hatte sie unzählige Verspannungen im Unterleib — Folgen des sexuellen Mißbrauchs, wie sie heute vermutet. Als das Baby da war, versorgte sie es eher wie eine Puppe. Da sie kein Gefühl zu ihrem Körper hatte, in dem das Kind wuchs, hatte sie auch kein intensives Gefühl zum Kind entwickeln können.

Außerdem hatte sie selbst im Bauch der Mutter keine Verbindung zu ihr gespürt. Schon da war die Mutter wie ein Stein gewesen. Frau Sommer hatte selbst nie erfahren, daß es warm und sicher im Bauch einer Mutter sein kann.

In der Schwangerschaft wiederholen sich im Gefühl die eigenen Erlebnisse und verhindern einen unbelasteten und klaren Kontakt zum Kind. Als Frau Sommers Tochter jedoch in Lebensgefahr war, spürte sie eine Verbindung: Sie hörte sie innerlich rufen, obwohl sie das noch gar nicht konnte. Nach diesem Erlebnis war ihr die Verbindung bewußt, sie konnte sie spüren und ihr Kind lieben. So schlimm und gefährlich dieses Ereignis war, Frau Sommer fühlte sich dadurch »geschüttelt«, wie sie sagt, so daß sie danach in der Lage war, warm und liebevoll mit ihrem Kind umzugehen. Sie konnte der Tochter Gefühle geben, die sie von der eigenen Mutter nie bekommen hatte.

Frau Sommer hat nach diesem dramatischen Ereignis das Kopfkissen weggeworfen, unter dem die Tochter beinahe erstickt wäre. Es roch nach Tod, sagt sie. Plötzlich erinnert sie sich daran, wie dieses Kissen aussah: blau und weiß geblümt. Auch die Mutter hatte ihr in der ersten Zeit ihrer Ehe gebrauchte Bettwäsche geschenkt. Das Kissen hatte dasselbe Muster wie das, unter dem Frau Sommer als Kind beinahe selbst erstickt worden wäre. Es ist möglich, daß die Erstickungsbedrohung der kleinen Tochter unter dem blaugeblümten Kissen Frau Sommers eigene Todesangst mobilisiert hat und die Migräne diese bedrohlichen Erinnerungen verdrängt hat. Denn die Migräne begann nach dieser Situation mit der Tochter.

Ich bitte Frau Sommer, die noch immer Schuldgefühle empfindet, sich ihren Umgang mit der Tochter zu verzeihen und dabei ihre Vorbelastungen durch die eigene Kindheit zu berücksichtigen. Sie hatte keine Gelegenheit gehabt, vor dem Leben mit eigenen Kindern ihre Kindheit und die damit verbundenen Defizite und Gewalterfahrungen zu verarbeiten.

Ich biete als Idee an, mit der erwachsenen Tochter das damalige Ereignis anzusprechen und sie zu fragen, ob sie der Mutter diese Situation verzeihen kann. Es wäre der einfachste Weg für

Frau Sommer, an diesem schmerzhaften Punkt Ruhe und Frieden zu finden.
Am Ende der Stunde fühlt sie keine Migräne mehr, Kopf und Körper sind ganz ruhig.

23.8.91

Frau Sommer berichtet, daß es ihr nach der vorhergehenden Stunde zunächst gutging. Die Migräne kam nach einem Streit mit dem Sohn zurück. Migräne war auch schon immer eine Reaktion auf Auseinandersetzungen mit der Tochter.
Wir arbeiten auf der Matte und suchen nach einem Zusammenhang. Wichtig in all diesen Situationen ist für sie der Satz: »Die Freiheit des einzelnen hört da auf, wo die Freiheit des anderen anfängt.« Sie wird immer sehr wütend, wenn ihre Grenzen überschritten werden. Tränen steigen hoch.
Frau Sommer spricht mit ihrer Wut: Diese will sie vor Verletzungen schützen. Zu diesem Gefühl gibt es keine Bilder. Frau Sommer hat keine Vorstellung, um welche Verletzungen es sich handelt. Meine Vermutung geht dahin, daß es um Ereignisse gehen könnte, die sehr früh in ihrem Leben geschehen sind, so daß sie allenfalls Körpersensationen im Gedächtnis gespeichert hat. Daher frage ich nach Körperreaktionen. Frau Sommers Beine sind starr, würden aber gern weglaufen.
Ich schlage ihr vor, die Beine so zu bewegen, als liefe sie weg. Dabei spürt sie einen Druck auf den Knien und fühlt, wie Männerhände ihre Beine nach unten halten. Ein Mann befriedigt sich mit seinem Penis zwischen ihren Beinen. Sie möchte vor Empörung schreien: Es ist ein Mann, dem sie vertraut hat. Sie weiß aber nicht, wer er ist. Der Mund wird ihr zugehalten, damit sie nicht schreit.
Ich ermutige sie, jetzt zu schreien, um den erstickten Schrei zu befreien, aber sie kann es nicht zulassen. Sie fühlt sich in der Therapiesituation zu sehr beobachtet. Ich schlage ihr vor, statt dessen nach der Sitzung allein im geschlossenen Auto zu schreien, dann kann niemand zuhören.
Frau Sommer zeigt hier auch in der Therapiesituation eine

Grenze, und es ist wichtig, daß ich sie respektiere. Befreiend ist der Schrei nur dann, wenn sie ihn tief in ihrem Inneren loslassen kann. Ich muß nicht dabeisein. Mißbrauchte Frauen haben es ohnehin meistens schwer, zu sprechen oder zu schreien. In der Kindheit gab es in der Regel das Schweigegebot des Täters, verbunden mit Drohungen, oder das Schamgefühl hinderte sie daran, zu sprechen. Mit diesem Schamgefühl müssen sich die Frauen ständig in den Therapiestunden auseinandersetzen, auch Frau Sommer.

Wir sprechen über den Ablauf der Stunde. Sie spürte, daß ihre Sensibilität jeglichen Grenzverletzungen gegenüber durch die erlittenen Grenzüberschreitungen entstanden ist. Schon in kleinen und scheinbar unwichtigen Situationen wird diese Sensibilität angerührt und die Wut ausgelöst, die in den Mißbrauchssituationen entstanden ist.

Wichtig ist, daß sie ihre Empfindsamkeit respektiert und sich angemessen gegen Grenzverletzungen auf der körperlichen und der seelischen Ebene wehrt. Dann kann sie hoffen, daß in solchen Situationen keine Migräne mehr auftritt.

27. 8. 91

Wir sprechen noch einmal ausführlich über die letzte Therapiestunde. Ein solches Gespräch ist wichtig für eine tiefe Integration des Erfahrenen in die Gedanken, Gefühle und Verhaltensweisen. Durch tiefgehende emotionale Therapiesituationen entstehen neue Zusammenhänge, die bisherige Weltsicht wird oft verändert. Zu einer Beseitigung ihrer Probleme und Beschwerden muß die Frau deshalb lernen, die veränderte Erlebnisweise auch in Verhalten im Alltag umzusetzen. Dies ist ein Prozeß, der viel Zeit und Sorgfalt erfordert.

Noch einmal lege ich Frau Sommer die Möglichkeiten dar, wie Erinnerungen abhängig vom Alter und der Wahrnehmungsform im Gedächtnis gespeichert werden. Sie benötigt diese Informationen für ihren Intellekt, um die emotional besetzten Erinnerungen der letzten Sitzung als real akzeptieren zu können. Ich weise sie auf Details hin, die sie genannt hat und die für die Mißbrauchssituation völlig unwesentlich waren. Ich frage meistens während einer solchen Sitzung gezielt nach irgendwelchen Einzelheiten, die die Frau manchmal durch Fragen an die Eltern oder andere Bezugspersonen überprüfen kann. Sind die Details richtig – wie die Lampe in einem Beispiel – glaubt die Frau auch dem Rest ihrer Erinnerung leichter. Denn warum sollte man sich an Kleinigkeiten erinnern, alles andere aber erfinden? Selbst wenn eine Überprüfung der Details nicht mehr möglich ist, helfen sie der Frau dabei, sich zu glauben, da es keinen logischen Grund dafür gibt, sich derart unwichtige Dinge auszudenken. Warum sollte dann der Rest erfunden sein?

Frau Sommer weint wieder viele Tränen. Sie spürt, wie hilflos und ausgeliefert sie in der erinnerten Situation war. Sie möchte diesen endlosen Inzest in der Familie stoppen. Doch dazu wäre eine Konfrontation des Bruders erforderlich oder zumindest ein offenes Gespräch mit der Nichte. Dazu fühlt sich Frau Sommer noch lange nicht bereit.

10. 9. 91

Frau Sommer geht es insgesamt deutlich besser. Sie hat in einem Sekundenbruchteil Soldatenstiefel vor ihren Augen gesehen und überlegt, ob der Mißbrauch im frühen Lebensalter durch einen russischen Soldaten erfolgt sein könnte, der während dieser Zeit bei den Eltern einquartiert war. Dazu hat sie der Mutter einen Brief geschrieben und Fragen über die Zeit und den Mann gestellt, die die Mutter ihr beantwortet hat.

Wir sprechen über den Sinn und eventuelle Möglichkeiten, der Mutter von allen Mißbrauchserinnerungen zu schreiben, ebenso dem Bruder. Frau Sommer könnte beiden auf diese Weise die Verantwortung für ihr Handeln beziehungsweise das Wegsehen zurückgeben. Sie hat Angst, die Mutter könnte durch diese Informationen einen Herzanfall erleiden. Sie ist alt und hat ein schwaches Herz. Sie ist immer noch diejenige, die geschützt werden muß. Dafür leidet Frau Sommer weiter. Sie spürt diesen inneren Konflikt. Einerseits will sie die Familie schützen und Auseinandersetzungen vermeiden, andererseits fühlt sie ein Bedürfnis nach Klärung und Verarbeitung.

20.9.91

Die Entscheidung ist eindeutig, zumindest für den Augenblick: Frau Sommer fühlt sich noch nicht bereit, die Familie zu konfrontieren. Es hat ihr aber gutgetan, einen klaren Standpunkt für sich zu entwickeln.

Den Zeitpunkt für die Konfrontation muß jede Frau selbst wählen. Sie muß innerlich stark und überzeugt sein, damit sie dem Täter standhalten und er sie nicht erneut zum Opfer seiner Angriffe machen kann. Wenn diese Stärke und Sicherheit noch nicht ausreichend entwickelt sind, kann eine verfrühte Konfrontation des Täters eine Bestätigung des erlebten Traumas und eine erneute Gewaltsituation bedeuten. Die Konfrontation schadet dann, statt zu nützen, weil die Frau dem Täter die Verantwortung für sein Handeln nicht zurückgeben und sich wieder nicht wehren kann. Frau Sommer braucht noch Zeit. Sie wird selbst spüren, wenn es soweit ist.

Seit vorgestern hat sie wieder Migräne, weiß aber diesmal keinen Auslöser. Wir arbeiten auf der Matte daran. Im Liegen summt es in ihrem Kopf. Das Summen hilft bei der Suche nach seinem Ursprung nicht weiter. Alle Fragen bleiben unbeantwortet.

Frau Sommer fühlt sich wie im Dunkeln. Ich schlage ihr vor, die Hände auszustrecken und sich im Dunkeln vorwärtszutasten. Sie spürt eine Bauchwand vor ihren Händen, die sie zurückhält, sie kommt nicht weiter. Es könnte der Bauch der Mutter sein, die vor ihr steht und sie am Forschen und Weiterkommen hindert. Diese Situation gehört in das Alter, in dem ein Kind laufen kann und sich von der Mutter wegbewegt, um die Welt zu erforschen.

Ich schlage vor, die Mutter wegzudrücken, indem ich ihr meine Arme dazu anbiete, zuerst im Liegen, dann im Stehen. Frau

Sommer folgt zwar meinem Vorschlag und drückt im Stehen gegen meine Arme, die ich ihr als Widerstand entgegenhalte, aber sie lächelt dabei. Sie ist nicht überzeugt von dem, was sie versucht. Sie sieht weg, ihre Augen sind leer. Innerlich spürt sie Zorn, kann ihn aber nicht zum Ausdruck bringen. Ich schlage ihr vor, den Zorn in die Augen zu bringen und die Mutter wütend anzusehen. Ich nehme wieder die Rolle der Mutter ein. Es gelingt ihr ein wenig, und sie fühlt sich etwas leichter.

Diese Körperarbeit spiegelt ihre zwiespältigen Gefühle der Mutter gegenüber: Sie ist wütend, will diese Wut aber nicht zum Ausdruck bringen, um die Mutter nicht zu verletzen.

Diese leeren Augen sehen mich immer an, wenn Frau Sommer Migräne hat. Ihnen fehlt Lebendigkeit und Freude. Vielleicht kann Frau Sommer irgendwann dahin finden, ihre Augen mit Leben zu füllen, wenn sie bereit ist, ihren Zorn und ihre Empörung zum Ausdruck zu bringen. Wenn Gefühle aus Angst weggedrückt werden, dann ist dies nur möglich um den Preis aller Gefühle. Es ist nicht möglich, eines isoliert zu verdrängen. Zum Leben gehören beide Seiten der Gefühle: positive und negative. Entweder werden beide gelebt oder beide verdrängt. Bei einer Befreiung der Gefühle werden beide Seiten befreit, Weinen und Lachen sind wieder möglich.

Ich ermutige Frau Sommer, zu Hause mit dem Zorn geduldig weiterzuarbeiten. Beim nächsten Mal würde ich gern mit ihr wieder an den Augen arbeiten, in denen sie ihre Gefühle blockiert.

4. 10. 91

Es kommt jedoch ganz anders. Frau Sommer hatte vor zwei Tagen Migräne und hat den Zusammenhang selbst herausgefunden: Der Bruder hat wegen des bevorstehenden Geburtstagsfestes von Frau Sommers Mann angerufen. Sie sieht gegen die Feier an und befürchtet, die ganze Zeit über extrem unter Migräne zu leiden, wie es schon bei vielen Familienfesten der Fall war.

Ich stelle vorsichtig die Frage, ob sie vielleicht vor Beginn des Festes mit dem Bruder sprechen möchte, um ihren inneren Druck abzubauen: Wenn sie sich stark genug fühlt, ihn zu konfrontieren, hat sie eher eine Chance, keine Migräne zu bekommen, als wenn sie dem Bruder aus Angst und Unsicherheit auszuweichen versucht wie bisher immer.

Frau Sommer setzt sich mit dieser Vorstellung auseinander. Mit ihrem üblichen starken Willen beschließt sie, angesichts der Alternative tagelanger Migräne und eines verdorbenen Festes zumindest Pläne zu machen.

Es wäre sinnvoll, den Bruder vor Beginn des Festes um ein Gespräch zu bitten mit dem Grund, Informationen wegen der Therapie haben zu wollen. Das Gespräch könnte mit dem russischen Soldaten beginnen, weitergehen zur Oma und dabei die Frage nach einem eventuellen sexuellen Mißbrauch des Bruders durch die Oma beinhalten. Würde der Bruder sich an eigenen sexuellen Mißbrauch erinnern und seine eigene Opferrolle erkennen, wäre vielleicht ein gemeinsamer Weg mit ihm möglich, auf dem er seine Verletzung spüren und sein gewaltsames Verhalten der Schwester gegenüber als eine Folgeerscheinung eigener Mißbrauchserlebnisse einordnen könnte. Dann wäre er vielleicht in der Lage, die Verantwortung für sein damaliges Handeln zu übernehmen und Frau Sommer damit zu entlasten. Diesen Weg gehen aber nicht viele Täter, die meisten streiten ihre Tat ab. Damit muß auch Frau Sommer rechnen.

Zu ihrer Sicherheit soll ihr Mann bei diesem Gespräch anwesend sein. Ich schlage ihr vor, entsprechende Rollenspiele mit dem Mann zu machen, um das Gespräch vorzubereiten. Weiterhin wäre es vielleicht gut, das Fest so zu planen, daß sie sich zwischenzeitlich zurückziehen kann, wenn sie es braucht. Ich biete ihr an, mich jederzeit anzurufen, wenn sie Unterstützung bei der Vorbereitung des Gesprächs benötigt – auch am Wochenende des Festes.

Wir arbeiten an ihrer Angst vor dem Gespräch. Die Angst entstammt der Mißbrauchssituation, es ist die vor der Gewalt und der Übermacht des Bruders. Er hat den Mißbrauch als »Aufklärung« getarnt und ihr gedroht, die Eltern würden sie totschlagen, wenn sie darüber spräche. Natürlich hat Frau Sommer den Eltern nichts erzählt. Sie kannte die Schläge des Vaters, vor denen die Mutter sie nicht schützte. Dazu kam das sichere Gefühl, die Eltern würden ihr nicht glauben. Dem Bruder gelang es auch bei Streitigkeiten unter den Geschwistern, den Eltern immer die Schuld seiner Schwester glaubhaft zu machen, die dann von ihnen bestraft wurde. Warum hätte es beim Mißbrauch anders sein sollen? Nicht vergessen werden dürfen die Schamgefühle, die jedem Kind eine große Hürde vor das Sprechen legen.

Wir machen ein Rollenspiel zum bevorstehenden Gespräch mit dem Bruder, das sie schon gut vorbereitet hat. Ich übernehme die Rolle des Bruders und spiele sie in verschiedenen Varianten. Frau Sommer kann mit allen von mir präsentierten Reaktionen umgehen.

Sie sagt, daß sie das sichere Gefühl gewonnen hat, daß der Weg des Gesprächs richtig und wichtig für sie ist. Den Zeitpunkt hat sie zwar nicht ganz freiwillig gewählt, sondern er wurde durch das Fest des Mannes vorgegeben, aber sie fühlt sich stark und dem Bruder gewachsen. Für den Fall, daß der Bruder den Mißbrauch abstreitet und wütend wird, hat sie sich vorgenommen, die Situation zu einem allgemeinen und offenen Familiengespräch zu nutzen. Ihr Mann wird ihr zur Seite stehen. Frau Sommer spürt ihre Kraft. Über die Zeit der Vorbereitung des Gesprächs hinweg hat sie keine Migräne mehr gehabt. Am Festwochenende werde ich verreist sein. Ich gebe Frau Sommer die Telefonnummer, unter der sie mich erreichen kann, damit sie sich ihre Gefühle nach dem Gespräch umgehend von der Seele reden kann.

Eine außergewöhnliche Geburtstagsfeier

Da sich meine Mutter auf Fragen, die ich ihr am Telefon stelle, nicht einläßt oder sie ausweichend beantwortet, versuche ich, ihr die Fragen, die mich bewegen, in einem Brief zu stellen. Das gleiche Ergebnis. Eine fast drei Seiten lange Antwort, aber nichts Wesentliches dabei. Nichts, was mich weiterbringt. Über den jungen Russen schreibt sie nur Gutes. Er war achtzehn Jahre alt und wohnte mit seinem Major im gleichen Haus. Für sie war er einer Mutter Sohn, der Heimweh hatte. Ein äußerst lieber Mensch, der jeden Nachmittag für etwa eine Stunde zu uns kam. So ihre Worte.

Die Babypause meiner Therapeutin ist zu Ende. Am zweiten August nehme ich meine Psychotherapie erneut auf. Innerlich sitze ich fest, ich bin in einer Sackgasse. Deutlich spüre ich es. Die Migräneattacken sind zwar nicht mehr so stark wie früher, aber wieder häufiger.

In den kommenden Stunden sprechen wir unter anderem über meinen Bruder und versuchen viele Begebenheiten in seiner Familie für uns zu kären, vor allem seine für mich erstaunlichen Verhaltensweisen im Leben, die ich im Unterbewußtsein mit meiner Situation verbinde. Immer deutlicher erkenne ich, daß es wichtig wäre, mich mit meiner Mutter und meinem Bruder auseinanderzusetzen.

Meine Mutter ist alt. Ich will sie damit nicht belasten. Obwohl mich die Vorstellung schon reizt, durch ein Gespräch mit ihr unser Verhältnis zu klären. Was weiß sie? Weiß sie überhaupt etwas? Ich sehe auch die Chance, einen herzlicheren Umgang mit ihr zu erreichen, obwohl ich eigentlich das Gegenteil vermute.

Die Therapeutin rät mir dringend zu einem solchen Gespräch. Sie bespricht mit mir das Für und Wider. Aber was mich davor zurückschrecken läßt, sind das Alter meiner Mutter und die Angst vor gesundheitlichen Risiken. Ein Gespräch mit meinem Bruder, das könnte ich mir vorstellen. Vielleicht habe ich mal den Mut einer

Löwin und eine günstige Gelegenheit. Irgendwann einmal, später vielleicht...

Gegen Zwänge muß ich mich schon sehr früh aufgelehnt haben. Bei einer Erinnerung stemme ich mich als ganz kleines Mädchen trotzig und mit voller Kraft mit beiden Händen gegen den Bauch meiner Mutter. Ich möchte weg von ihr. Mich zieht es zu den anderen Kindern. Ich will mit ihnen spielen. Fühle mich festgehalten, sie läßt mich nicht gehen. Es hat keinen Zweck, ein Gemisch von tiefster Resignation und Empörung erfüllt mich. Ich hatte nie Kontakt zu anderen Kindern, keine Freundinnen in dieser Zeit. Weder war ich im Kindergarten, noch kann ich mich an Spielkameraden erinnern. Es muß ein langandauerndes negatives Gefühl gewesen sein. War es der Beginn einer unerträglichen Isolation, gegen die ich ein Leben lang ankämpfe? Erst mit Beginn der Schule kam ich mit Gleichaltrigen zusammen, aber auch nur während der Schulstunden.

Die Angst vor den wieder in kurzen Abständen auftretenden Migräneanfällen steckt mir in den Knochen. Resignation macht sich breit, war vielleicht alles umsonst?

Die Vorbereitungen zur großen Geburtstagsfeier werden getroffen. Wir rechnen mit etwa fünfzig Gästen. Durch Zufall können wir für diesen Abend ein altes Gasthaus mieten. Die Bewirtung, das Essen, die Getränke und die Musik sowie die abschließende Reinigung, alles organisieren wir selbst. Das ist der Nachteil. Werden wir es schaffen? Der Vorteil: Das Haus ist wunderschön gelegen, in der Heide, an einem kleinen See. Ganz in der Nähe, ein paar Schritte zu Fuß, haben wir für Übernachtungsgäste Zimmer gemietet.

Durch Nachfragen erfahre ich bei einem Telefongespräch, daß meine Mutter ein offenes Bein hat. Noch ist die Wunde klein, aber sie scheint stark zu schmerzen. Sie weiß nicht, ob sie kommen kann. Sie möchte eigentlich nicht. Ich habe das Gefühl, ihr Bein ist nicht der wahre Grund.

Am 12. Oktober soll die Feier stattfinden. Einerseits freue ich mich sehr auf diesen Abend, auf unsere Freunde und Bekannten, andererseits belastet mich das bevorstehende Zusammentreffen mit meinem Bruder und meiner Mutter stark. Nun plage ich mich wieder mit argen Kopfschmerzen herum. Ich habe diese Quälerei satt. So auch am 4. Oktober, als ich zur Therapie erscheine. Mir geht es schlecht. Allein die Vorstellung, daß ich bei den Vorbereitungen und während der Geburtstagsfeier wieder starke Migräneattacken einplanen muß, läßt mich verzweifeln. Ich darf unter keinen Umständen ausfallen, nur wie kann ich das verhindern?

In dieser Stunde rät mir meine Therapeutin, diesen Besuch meines Bruders zu einem persönlichen Gespräch mit ihm über den sexuellen Mißbrauch zu nutzen. Der Vorschlag trifft mich wie eine Bombe.

Irgendwann einmal, aber doch nicht jetzt! Das schaffe ich nicht. Geduldig geht sie auf meine Gegenargumente ein, bis ich einsehe, daß der Zeitpunkt tatsächlich günstig ist. Ich habe Angst vor der Konfrontation. Furcht davor, wieder gegen ihn zu verlieren. Er kennt sich in den Gesetzen aus, ist von sich überzeugt. Gesegnet mit der Fähigkeit, das, was geschieht, zu seinen Gunsten auszulegen, und sehr clever im Lösen von Problemen. Mein Bruder tüftelt alles in Gedanken vorher genau aus. Mein Vorteil ist vielleicht der, daß er relativ viel Zeit dazu braucht. Und die hat er dann nicht, damit rechnet er nicht. Meine Therapeutin macht den Vorschlag, ihn vorher anzurufen. Das ist gut, ich ringe mich bangen Herzens dazu durch. Ich bitte ihn um ein Gespräch unter vier Augen am Abend seiner Ankunft. Sage ihm, daß es um die Erinnerung von Kindheitserlebnissen geht, die für meinen Verarbeitungsprozeß wichtig sind.

Am Telefon sagt er seine Mithilfe überrascht zu, betont aber gleichzeitig, daß sein Erinnerungsvermögen nicht allzu groß ist. Das kann ich nicht glauben, er ist sieben Jahre älter als ich. Er müßte wesentlich mehr wissen.

In der letzten Therapiestunde vor dem Freitag, an dem die Begegnung stattfinden soll, gehen wir in einem Rollenspiel alles genau durch. Die Therapeutin ist mein Bruder. Sie schafft es, sich in ihn hineinzudenken, sie ist wie er. Tränen schießen mir in die Augen. Ich bezweifle, daß ich diese Unterredung schaffe. Einige Punkte, die ich unbedingt beachten muß, versuche ich mir ins Gedächtnis zu hämmern.

Mit einer Telefonnummer in der Tasche mache ich mich auf den Weg nach Hause. Es ist die Nummer, unter der ich meine Therapeutin erreichen kann, die über das Wochenende zu ihren Eltern fährt.

Die noch verbleibenden zwei Tage stürze ich mich in die Arbeit. Ohne Migräne backe ich Kuchen, bereite Salate zu, gebe Bestellungen auf und beziehe Betten. Meine Tochter, ihre Freundin und mein Sohn packen mit an. So sind wir mit allem fertig, als mein Bruder mit Frau und meine Mutter eintreffen.

Mir ist verdammt mulmig. Mich beschleicht genau das gleiche Gefühl, das man hat, wenn man etwas sehr Unangenehmem ausweichen will. Ich möchte am liebsten ganz weit weg, in eine entgegengesetzte Richtung laufen. Aber ich habe immer noch keine Migräne.

Kaffee, Kuchen, Brötchen und Aufschnitt stehen bereit, und so stärken sich alle zunächst einmal. Sie bilden eine große Runde, die schon eingetroffenen Gäste. Ich beobachte meinen Bruder. Er regt sich über nicht aufgerollte Senftuben auf und nervt meine Tochter, indem er sie ein paarmal das gleiche fragt. Zuhören ist nicht seine Stärke, in Gedanken überlegt er schon weiter.

Meine Augen wandern über ihn hinweg zum Fenster und bleiben am wunderschön leuchtenden Rot des Zierweins an Nachbars Zaun hängen. Morgen werde ich wieder die letzte Rose aus dem Garten holen. Jedes Jahr die gleiche Zeremonie. Mein Mann bekommt die letzte Rose der Saison zum Geburtstag.

Alle sind mit dem Essen fertig. Ich versuche meinem Bruder ein Zeichen zu geben. Er übersieht es. Ich nehme allen Mut zusammen und spreche ihn an. Schicksal, nimm deinen Lauf!

Mit meinem Mann habe ich vereinbart, daß er bei dem Gespräch anwesend ist. Einmal, um mich abzusichern, aber dann gibt er mir mit seiner Anwesenheit auch etwas von seiner Ruhe ab.

Meine Kinder habe ich vorher verdonnert, für die Zeit unserer Abwesenheit meine Mutter und meine Schwägerin zu beschäftigen, Konversation zu betreiben. Sie wissen nicht, um was es geht, nur, daß es für mich wichtig ist.

Wir ziehen uns alle drei in ein kleines Zimmer zurück. Ich erkläre meinem Bruder, warum ich meinen Mann bei der Unterredung dabeihaben möchte. Er akzeptiert es, wirkt aber nervös und angespannt. Ich meine, er ahnt, worum es geht.

Ich beginne das Gespräch mit einigen Erlebnissen aus der Therapie. Daß ich den Grund der Migräne nun kenne, daß es um sexuellen Mißbrauch geht, um Erlebnisse aus meiner Kindheit. Daß die Migräne immer dann auftritt, wenn ich in irgendeiner Form an das Vergangene erinnert werde.

Ich fange an, von dem oralen Mißbrauch und dem Kissen zu erzählen und von meiner Vermutung, daß es der russische Soldat war, ich mir aber keinesfalls sicher bin. Die Tränen schießen für einen kurzen Moment in meine Augen. Ich bin sehr aufgeregt, aber mein Kopf ist ganz klar. Anschließend berichte ich gleich über das Erlebnis mit meiner Oma. Er kann sich das schwer vorstellen, was eine alte Frau mit einem kleinen Mädchen anstellen kann. Ich versuche es ihm zu erklären. Auch, daß die Erinnerung unter bestimmten Umständen reaktiviert werden kann.

Obwohl ich seine Nervosität und Unsicherheit spüre und sie ihm auch ansehe, merke ich deutlich, daß ihn meine Erlebnisse eigentlich kalt lassen. Da ist keine innere Betroffenheit zu spüren, es geht ihm nur um seine Haut, und das macht mich stutzig. Er muß sich gut vorbereitet haben und wissen, was auf ihn zukommt. Je mehr mir seine innere Kälte und Teilnahmslosigkeit bewußt wird, desto sicherer werde ich.

Ob er sich erinnert, als Kind selbst einmal sexuellen Mißbrauch erlebt zu haben? Nein, er kann sich nicht entsinnen. Ich zeige ihm deutlich und, wie ich finde, eindrucksvoll die Schäden auf, die der sexuelle Mißbrauch bei mir hinterlassen hat. Er ist erstaunt darüber. Die Gewalttätigkeiten unseres Vaters und die Erziehung hätten bei ihm auch Schäden hinterlassen, so daß auch er eine Therapie gebrauchen könnte. Vor dem Kennenlernen seiner Frau habe es ein sexuelles Chaos in seinem Leben gegeben. Unseren Vater hatte er gebeten, ihn aufzuklären. Ohne Erfolg. Ich weiß, darüber sprach man nicht. Das war kein Thema in unserer Familie.

Nun komme ich zum eigentlich wichtigsten Punkt des Gesprächs, zu dem Teil des sexuellen Mißbrauchs an mir, für den er die Verantwortung trägt. Ich beobachte ihn genau. Das habe ich gelernt und mir eingeprägt.

Er will souverän bleiben und wirkt sehr beherrscht, nach außen gibt er sich erstaunt. Heikle Verfahren sind doch seine Spezialität, zwar nicht mit diesem Thema, aber er ist gewohnt, Sieger zu bleiben. Er hat jedenfalls schon ganz andere Sachen geschafft. Er wehrt ab. Das wüßte er aber. Nein. Geschlechtsverkehr hätte er mit mir nicht gehabt. Seine Frau wäre die erste gewesen. Ich kann ihn beruhigen, keinen vollendeten Geschlechtsverkehr, keine Penetration, nur sexuellen Mißbrauch habe er an mir begangen. Er braucht eine Erklärung, was sexueller Kindesmißbrauch ist. Er hat so gar keine Ahnung? Nein, das könnte er doch jetzt zugeben, es wäre ja ohnehin schon verjährt. So einfach ist das für Täter. Ich muß schlucken.

Er muß noch mal genau nachfragen. Sonst würde er aus diesem Zimmer gehen, und dann hätte er die Migräne. Ein Witz?

Wie sah die Wohnung aus, in der es geschah? Wie war der genaue Ablauf? Meine innere Alarmglocke schrillt, als ich registriere, daß er mir sehr geschickt Fangfragen stellt. Er will mich unsicher machen. Es fällt mir zwar nicht leicht, aber ich kann ihm alles beschreiben. Ich erinnere mich noch an vieles genau. Ich muß zwischen zehn und zwölf Jahre jung gewesen sein, und es ist im Elternschlafzimmer geschehen. In den Ehebetten meiner Eltern habe ich geschlafen. Wach wurde ich, als das Licht anging. Mein Bruder kam herein, und ich merkte, daß meine Eltern nicht da waren. Er meinte, mir etwas Tolles zeigen zu müssen. Der Anblick hat mich verstört. Ich traute mich auch nicht, etwas dagegen zu sagen. Er hat mich überrumpelt, unwissend wie ich war. Die Situation war mir unangenehm, und ich versuchte, nicht hinzusehen. Ob ich was machen mußte, weiß ich nicht mehr. Heute denke ich, er hat sich an mir selbst befriedigt. Ich sehe ihn noch mit einem Tuch die Innenseiten meiner Schenkel sauberwischen. Sein Kommentar damals, da muß man aufpassen, wenn davon was reinkommt, kriegt man ein Kind. Am Schluß nahm er mir das Versprechen ab, mich auch noch nackt sehen zu dürfen, wenn ich schon vierzehn Jahre alt bin. Das ganze Geschehen war mir unheimlich, und ich hatte Angst. Besonders, als er noch sagte, daß ich auf keinen Fall den Eltern etwas verraten dürfte. Unser Vater würde uns dann totschlagen.

Meine Eltern waren selten abends außer Haus, aber in der folgenden Zeit war ich sehr auf der Hut. Das wollte ich nicht noch einmal mit mir machen lassen. Ich lebte in ständiger Angst vor dem nächsten Mal.

Eine längere Zeit danach. Ich höre es noch. Er hämmert gegen meine verschlossene Tür und ruft: Laß mich rein, du hast mir doch versprochen, daß ich dich noch nackt sehen darf, wenn du schon vierzehn bist.

Erst während der Therapie habe ich begriffen, wie sehr mir auch diese Vorfälle geschadet haben. Vorbei mit der Rechtfertigung vor mir selbst, es wäre vielleicht eine Art Aufklärung oder ein verspätetes Doktorspiel gewesen.

Mein Bruder reagiert nicht weiter darauf, entschuldigt sich aber auch nicht. Er sagt, er sei erstaunt über mein sicheres und bestimmtes Auftreten, so kenne er mich nicht.

Ich kann mir nicht vorstellen, daß das Erlebnis seinerzeit für ihn so unwichtig war, daß er es vergessen hat. Mein Bruder muß es wissen, er ist schließlich älter als ich.

Alles Wichtige habe ich nun gesagt. Er ist ja bedauerlicherweise nicht der einzige, der mir geschadet hat. Nach dieser Aussprache, so hoffe ich arglos, würde unser Umgang miteinander besser werden.

Da über diesem Gespräch viel Zeit vergangen ist, läßt uns mein Mann allein und kümmert sich um seine Gäste. Er will uns auch Gelegenheit geben, ein paar Worte unter uns zu wechseln.

Unter vier Augen räumt mein Bruder mir gegenüber dann ein, daß man sich als Kind auch mal nackt gesehen und dabei sicher auch berührt hat. Er vergißt dabei immer, wieviel älter er ist. Als ich ihm sage, daß Täter die volle Verantwortung für ihre Tat tragen, fragt er mich, ob Kinder immer nur Objekt sind? Als er dann auch noch beginnt, sich bei mir über seinen lebenslangen und noch andauernden Liebesmangel zu beklagen, lenke ich von diesem Thema ab. Das interessiert mich nun wirklich nicht. Ich empfinde es als unglaublich unsensibel mir gegenüber.

Ihm ist nun bekannt, daß ich auf die Anrufe, die aus seiner Stadt kommen und die mit ihm, seiner Familie und meiner Mutter zusammenhängen, mit Migräneanfällen reagiere.

Wozu er bereit zu sein scheint, ist eine Unterredung mit meiner Therapeutin. Er schaut sich die Leute gern an, mit denen er es zu tun bekommt. Es ist Wochenende, die Therapeutin mit ihrer Familie verreist, und schon früh am Montag morgen will mein Bruder wieder nach Hause fahren. Es wird schwer, wenn nicht gar unmöglich sein, ein Zusammentreffen zu arrangieren.

Gegen 22 Uhr berichte ich meiner Therapeutin telefonisch, wie das Gespräch verlaufen ist. Wir hatten es so verabredet. Er hat sich tatsächlich im großen und ganzen so verhalten, wie wir es im Rollenspiel durchgespielt hatten. Als sie von dem Wunsch meines Bruders hört, mit ihr zu sprechen, ist sie damit einverstanden. Es sollte aber aufgrund organisatorischer Schwierigkeiten nicht dazu kommen. Auf ihren Rat hin biete ich ihm noch ein Buch an mit Informationen über sexuellen Mißbrauch und seine Folgen. Nein, das Buch will er nicht, er will sich jedoch den Titel aufschreiben. Wen wundert es, daß es auch dazu nicht kommt.

Wir erleben eine wunderschöne Geburtstagsfeier. Unsere Organisation ist zwar nicht perfekt, aber unsere Bemühungen und die Darbietungen unserer Kinder sind ein großartiger Erfolg. Es macht allen Beteiligten, die uns wichtig sind, einen Riesenspaß.

Mit meiner Mutter gehe ich behutsam und liebevoll um. Sie soll sich wohl fühlen. Ich schaffe es sogar, mit meinem Bruder einmal zu tanzen, ich muß mich dazu aber sehr überwinden. Ansonsten versuche ich ihn, so gut es geht, zu übersehen. Er hat sich unheimlich schnell wieder gefangen. Unser Gespräch wird mit keinem Wort mehr erwähnt. Ohne mit der Wimper zu zucken, bringt er es noch fertig, seinen Sohn anzukündigen. Er soll eine Woche später für ein paar Ferientage zu uns kommen. Wie ich anschließend von meinem Neffen erfahre, fährt mein Bruder zum gleichen Zeitpunkt allein in den Urlaub, ohne Frau und Kinder. Seinen Sohn möchte er auch nicht dabeihaben. Papi braucht das ab und zu zum Ausspannen. Er arbeitet ja so schrecklich viel.

Zum Abschied wünscht mir mein Bruder noch mit einem merkwürdigen Lächeln für meine Migräne gute Besserung. Bis auf seinen Namenszug auf einer Weihnachtskarte, die mir meine Schwägerin schreibt, werde ich bis zu einem denkwürdigen Telefonat im Januar 1992 nichts mehr von ihm hören.

Noch immer bin ich fest davon überzeugt, meine Mutter aus allem heraushalten zu können.

Diese und die darauffolgenden Nächte schlafe ich hervorragend. Ein unbeschreibliches Gefühl: Zu dem Zeitpunkt, an dem ich mit Sicherheit Migräne erwartet habe, bleibt sie aus.

Seit ein paar Wochen versuche ich nun Selbstverteidigungstechniken für Frauen und Mädchen zu erlernen. Der Kursus ist interessant. Er besteht aus einem theoretischen und einem praktischen Teil. Ich gehöre zu den ältesten Teilnehmerinnen, lerne mich wieder zu bewegen und spüre Muskeln an Stellen, an denen ich gar keine vermutet habe.

Meine anfänglichen Hemmungen nehmen etwas ab, als ich das Fingerspitzengefühl des Trainers für die unterschiedlichsten Schwierigkeiten der Frauen spüre. Ich lasse mich ungern anfassen und fasse selbst nicht gerne jemanden an. Die Scheu vor Berührungen nehme ich auch bei anderen Teilnehmerinnen wahr. Aber hier muß ich sie überwinden.

Schon immer im Leben habe ich bewußt versucht, gefährlichen Situationen aus dem Weg zu gehen oder sie gar nicht erst entstehen zu lassen. Nun aber mache ich mich mit dem Gedanken vertraut, mich notfalls auch gezielt zur Wehr zu setzen. Wenn es sein muß, jemanden auch zu verletzen. Ganz allmählich wird mein Selbstvertrauen in der kommenden Zeit gestärkt. Ich bilde mir ein, daß mein Gang danach aufrechter ist.

Mein Leben läuft weiter in den gewohnten Bahnen. Zusätzlich viel Zeit und Kraft erfordert die Pflege unseres Hundes. Er leidet seit ein paar Jahren außer an Hautkrebs noch an einem juckenden Hautausschlag und bedarf ständig intensiver Fellpflege. Zwölf Jahre ist er alt, und so werden Tierarztbesuche häufiger. Der Gedanke, ihn einschläfern lassen zu müssen, schwebt wie ein Damoklesschwert über unseren Köpfen. Er erholt sich aber jedesmal wieder. Für sein Alter ist er sonst eigentlich ganz fit.

Neben meinen familiären Pflichten erwartet mich an jedem Donnerstag noch immer meine Schwiegermutter. Sie freut sich, wenn ich nach dem Rechten sehe.

Weiterhin rufe ich jedes Wochenende meine Mutter an und führe ein langes Gespräch mit ihr. Ihr offenes Bein ist inzwischen fast verheilt. Sie erzählt viel von ihren Besuchen auf dem Friedhof, von vielen für sie wichtigen Begebenheiten. Worüber sie sich ärgert, worüber sie sich freut. Daß sie kein Interesse an mir und meinem Leben zeigt, fällt mir nicht weiter auf. Bis ich begreife, daß es nie anders war, vergeht noch eine geraume Zeit. Weiterhin lese ich viel über sexuellen Mißbrauch, Gewalt gegen Frauen, sexuelle Gewalt, Gewalt gegen das Kind, und beginne, mich mit Biosynthese zu befassen. Alles Themen, die zu verstehen für mich nun wichtig werden.

Die Fahrt zur wöchentlichen Therapiestunde fällt mir nicht mehr so schwer wie am Anfang. Die Auseinandersetzung mit meinem Leben ist noch immer unangenehm und schmerzhaft. Ich fange an, meine Ecken und Kanten sowie meine inneren Blockaden zu sehen und besser zu verstehen, fühle und sehe wieder vieles, was ich über Jahre nicht mehr wahrgenommen habe. Meine Lebensqualität ist eine andere, eine wesentlich bessere geworden. Das Jahr 1991 geht zur Neige, ich fühle mich wohl. Mit viel Mut und Zuversicht schaue ich dem neuen Jahr entgegen. Gut, daß ich nicht geahnt habe, was da Anfang des Jahres auf mich zukommt.

Jetzt, da die Auseinandersetzung mit allen Beteiligten solche Ausmaße annimmt, halte ich es für nötig, meinen Kindern meine Geschichte zu erzählen. Sie sollen verstehen, was um sie herum geschieht. Ich möchte sie schützen, und das kann ich nur, wenn sie über alles informiert sind. Im nächsten Therapiegespräch bereite ich mich darauf vor. Unbehagen erfüllt mich.

In einem geeigneten Augenblick spreche ich mit meinem Sohn. Ich nehme mir viel Zeit. Es fällt mir nicht leicht. Ich hoffe nur, die richtigen Worte zu treffen. Es ist ein gutes Gespräch, ich staune über ihn. Er fragt nach, versteht und leidet ein Stück weit mit dem Kind, das ich mal war. Ich spüre, wie er der erwachsenen Frau Respekt zollt für den Mut, den sie zur Verarbeitung aufbringt. Die Freude darüber, daß es mir gesundheitlich und somit auch seelisch wesentlich besser geht, ist ihm anzumerken.

Einige Tage später kommt meine Tochter am Wochenende zu Besuch. Das Gespräch mit ihr ist wesentlich problematischer. Sexueller Mißbrauch war, Gott sei Dank, kein Thema für sie und wenn, betraf es immer nur andere. Nun aber ihre Familie, ihre

Mutter und somit auch sie. Ich merke, sie möchte sich nicht damit belasten. Auch ihr Verdrängungsmechanismus funktioniert. Es finden ein paar intensive Gespräche zwischen Mutter und Tochter statt. Dann hat sie eingesehen, daß diese Erlebnisse zu mir gehören. Es hat mein Leben geprägt, und sie akzeptiert es.

18. 10. 91

Frau Sommer hat mich am Wochenende angerufen. Der Bruder hat im Gespräch nicht abwehrend oder aggressiv reagiert, er hat sich aber auch nicht entschuldigt. Er war auf Frau Sommers Vorschlag, wegen seiner eigenen möglichen Erfahrungen ein Gespräch mit mir zu suchen, eingegangen. Letztlich bestand aber zeitlich keine Möglichkeit dazu.
Aus dem ausführlichen Gespräch mit Frau Sommer wird für mich auch immer deutlicher, daß ein solches Gespräch mit ihrem Bruder nicht richtig gewesen wäre. Gespräche mit Tätern können nur dann sinnvoll sein, wenn eine Frau dies wünscht und wenn der Täter einsichtig ist. Diesen Eindruck vermittelt Frau Sommers Bruder aus ihrem Bericht nicht. Er hat erleichtert reagiert, als sie ihm sagte, daß Therapeuten unter Schweigepflicht stehen. Er hat also eine mögliche Bedrohung in mir und meinem Wissen über den Mißbrauch gesehen. Er hat sich eher wie ein Täter verhalten, der nur um seine eigene Sicherheit besorgt und nicht am Leid seines Opfers interessiert ist. Ich vermute, er hätte mich gern kennengelernt, um mich besser einschätzen zu können, nicht aber, um Unterstützung bezüglich seiner eigenen Betroffenheit zu bekommen.
Frau Sommer empfand ihn auch als berechnend, als er sie ausführlich über Einzelheiten der damaligen Wohnung ausfragte. Sie fühlte, daß er sich vergewissern wollte, wie ihr Erinnerungsvermögen insgesamt einzuschätzen ist. Frau Sommer hat ihm ruhig geantwortet und dabei gut auf sich geachtet. Ihr Mann hatte den Eindruck, daß sie im Gespräch die Stärkere war.
Der Bruder hat verwundert geäußert, sie sei so ganz anders als bisher, so kenne er sie nicht. Indirekt kann dies beinhalten, daß

sie kein leichtes Opfer mehr für ihn ist, er kann sie nicht mehr manipulieren oder benutzen. Er sieht eine Gefahr in ihrem Wissen über ihn, denn er bekleidet ein öffentliches Amt in der Stadt, in der er lebt. Frau Sommer hat seine Angst gespürt und sich sicher gefühlt, daß er den Mißbrauch nicht öffentlich machen wird. Er wird keine Verleumdungsklage stellen. Er scheint zu wissen, daß die Öffentlichkeit ihm und seinem Ruf mehr schaden würde als seiner Schwester.

Frau Sommer ist stark und überlegen aus dem Gespräch gegangen und hat im Anschluß ein schönes Fest verlebt. Ihr geht es seitdem körperlich deutlich besser. Migräne ist nicht aufgetreten. Emotional fühlt sie sich noch durch ihre Gedanken an die Nichte belastet und überlegt, bei nächster Gelegenheit mit ihr zu sprechen.

Frau Sommer ist eine große Last von den Schultern gefallen. Sie hat dem Bruder die Verantwortung für den Mißbrauch zurückgeben können, auch wenn er sich nicht entschuldigt hat. Sie hat ihre bisherige Beziehung zu ihm nicht verbessern können, aber er hat zugegeben, daß der Mißbrauch stattgefunden haben könnte. Er hat zwar auf seine berechnende Art darauf geachtet, daß bei diesen Worten Frau Sommers Mann gerade nicht im Raum war und es somit keinen Zeugen gibt, aber das ist für Frau Sommers innere Rehabilitierung ohne Bedeutung. Sie kann ihren Wahrnehmungen, Gefühlen und Erinnerungen trauen.

22. 10. 91

Während der vergangenen Woche hat Frau Sommer viel Ruhe und Erholung gebraucht, was mich nach den tiefgehenden Ereignissen beim Fest ihres Mannes nicht verwundert. Solche Erlebnisse wollen mit allen verbundenen Gefühlen gut verdaut werden. Die neuen Erkenntnisse benötigen Zeit, um sich an die richtigen Plätze in Körper und Seele zu setzen.

Dennoch ist Frau Sommers vorwärtsdrängender Wille nicht zu bremsen: Sie möchte gleich weiterarbeiten, und zwar am Thema Sexualität. Auf der Matte spürt sie von ihrem Unterleib nur die Beckenknochen. Das Innere ihres Bauches kann sie sich von ihrem medizinischen Wissen als Krankenschwester her allenfalls anatomisch vorstellen. Sie sieht die Eierstöcke und die Scheide vor sich. Der Platz, an dem die Gebärmutter ihren Sitz hätte, ist leer: Sie wurde ihr operativ entfernt.

Ich schlage ihr vor, ein Gespräch mit den Eierstöcken zu beginnen. Diese reagieren jedoch nicht, gleichgültig was sie auch fragt. Sie bleiben still und tot. Frau Sommer äußert die Vermutung, daß sich zwischen den Organen und ihrem Gefühl eine Blockade befinden könnte. Sie sieht eine Mauer vor sich, von der ausgehend eine kaugummiartige Masse die Organe überzieht. Ich frage nach dem Zeitpunkt der Entstehung dieser Mauer. Mit Tränen spürt Frau Sommer, daß die Mauer durch den ersten Mißbrauch entstand, als sie ihr Gefühl vom Körper trennte, um all das Schreckliche nicht mehr zu fühlen. Sie weint und sieht dann kleine Löcher in der Kaugummimasse, die durch diese Erkenntnis entstanden sind. Sie kann die Eierstöcke jetzt körperlich fühlen, wenn diese auch noch stumm bleiben. Frau Sommer will für sich mit dieser Erkenntnis weiterarbeiten.

29.10.91

Frau Sommer hatte ihren Neffen, den Sohn des Bruders, zu Besuch. Sie war so beschäftigt mit dem Jungen, daß sie sich nicht mit sich selbst befaßt hat. Sie möchte sich eigentlich nicht mit den Problemen der Familie ihres Bruders auseinandersetzen, tut es dann aber zwangsläufig doch.

Ich schlage ihr vor, daß sie sich innerlich mehr Einblick und Klarheit in die Familienstruktur schaffen kann, ohne daß sie daraus unbedingt Konsequenzen in Form von Handlungen ableiten muß. Frau Sommer nimmt den Vorschlag an, sich Verhaltensweisen des Neffen mit Blick auf mögliche Probleme in seiner Familie anzusehen. Der Neffe kann mit Beziehungen nicht umgehen, verhält sich eigenbrötlerisch und sagt kaum ein Wort. Ursachen für dieses Verhalten könnten im Leistungsdruck des Bruders auf seine Kinder oder auch in der emotionalen Vernachlässigung durch beide Elternteile liegen. Auch sexueller Mißbrauch kann die Ursache sein. Der Neffe zeigt viele Verhaltensauffälligkeiten, darunter auch Symptome für sexuellen Mißbrauch. Die Auffälligkeiten können aber viele Ursachen haben und lassen sich nicht auf eine bestimmte Schädigung zurückführen.

Es fällt Frau Sommer während des Gesprächs auf, daß sie den oft gehörten Worten ihres Bruders immer noch mehr Vertrauen schenkt als ihrer eigenen Wahrnehmung. Der Bruder stellt seine Kinder als gesund und gelungen dar. Ist es Gewohnheit oder die Abwehr gegen die Erkenntnis, daß die Kinder des Bruders ebenso wie sie selbst starke Schäden davongetragen haben – unabhängig von der genauen Ursache?

Es ist sicherlich auch Gewohnheit, sagt sie, denn schon in der Kindheit glaubten die Eltern immer dem Bruder. Niemand glaubte ihr, und sie wurde unsicher im Vertrauen in die eigene Wahrnehmung.

Im Gespräch mit dem Bruder konnte Frau Sommer nur deshalb die Stärkere bleiben, weil sie ihren eigenen Gefühlen vertraute. Ich ermutige sie, aus dieser Erfahrung zu lernen und sich immer mehr auf ihre Wahrnehmungen und Gefühle zu verlassen.

5.11.91

Frau Sommer hat ihrer eigenen Wahrnehmung mehr vertraut und bezieht ihre Erkenntnisse aus dem Besuch des Neffen in ihre Überlegungen um einen Gegenbesuch ihres Sohnes beim Bruder ein. Sie will offen mit ihrem Sohn sprechen. Sie wünscht sich, daß er nicht zum Bruder fährt, will ihn aber auch nicht unter Druck setzen. Er soll alle notwendigen Informationen bekommen und dann selbst entscheiden. Wenn er zum Onkel fahren möchte, will sie Vorsichtsmaßnahmen mit ihm treffen, so daß er bei der geringsten Mißstimmung sofort zurückkommen könnte. Frau Sommers Mutter wäre ihm vor Ort sicherlich keine Hilfe. Es ist zu befürchten, daß sie den Enkel ebenso im Stich lassen würde wie die eigene Tochter.

Die unterlassene Hilfeleistung durch die Mutter taucht immer wieder auf, zumindest im Gefühl scheint es Frau Sommer zu belasten. Gelegentlich frage ich sie, ob sie ein Gespräch mit der Mutter überlegen möchte. Sie könnte Klarheit für sich gewinnen und Erfahrungen – gleich welcher Art – verarbeiten. Frau Sommer zögert immer wieder, sie braucht offensichtlich noch Zeit.

12. 11. 91

Frau Sommer hat im Fernsehen einen Kriegsfilm gesehen und bekam auf der Stelle Migräne. Eigentlich vermeidet sie es, solche Filme anzusehen. Auch Kriegsberichte empfindet sie als furchtbar.
Ich frage sie danach, welche Verbindung sie zwischen einem Kriegsbericht und sich selbst spürt. Ihre Tränen fließen, und sie erinnert sich an ihre Kindheit: Sie fühlte sich der rohen Gewalt des Vaters völlig ausgeliefert. Immer wieder spürte sie den Krieg mit all seiner Gewalt im Verhalten des Vaters. Er hatte den Krieg nicht beendet, sondern ihn in seine Familie mitgebracht. Sie war seine Feindin im Krieg und damit sein Opfer.
Wir sprechen über Gewalt als ein Mittel vieler Männer, Anspannungen und Wut an anderen abzureagieren. Auch Sexualität wird oft zum Abladen von Anspannungen verwendet und hat dann nichts mit einem Kontakt oder mit Wärme und Zuneigung zum anderen zu tun.
Frau Sommer kennt diesen Unterschied. Der Vater hat sie auf sexuelle Weise zum Abreagieren seiner Spannungen benutzt, und mit demselben Zweck schlug er sie. Sie kennt aber auch Sexualität als Ausdruck von Wärme zum Partner. Im Zusammenhang mit dem Thema Sexualität frage ich sie nach ihrem Gefühl zu ihren Eierstöcken und schließe damit an die Stunde vor dem Besuch des Neffen an.
Sie spürt, daß der Kaugummi die Anspannung und die Gefühle ersticken sollte, die durch den sexuellen Mißbrauch entstanden sind. Frau Sommer ist heute offensichtlich wieder frei dafür, sich mit diesem Thema zu beschäftigen.

Im Verlauf einer Therapie kommt es häufiger vor, daß an einem Thema gearbeitet wird und plötzlich eine Unterbrechung durch ein aktuelles Thema entsteht. Besondere Ereignisse stellen sich in den Weg und wollen zuerst bearbeitet werden. Diese Situationen gehören zum Leben und damit auch zu einem Therapieprozeß. Jede Frau hat eine eigene innere Dynamik und einen individuellen Rhythmus.

Ich vertraue darauf, daß sich der Heilungsprozeß seinen Weg selbst sucht. Dieser Weg ist selten geradlinig, sondern versehen mit Schleifen und Umwegen, die ihren Sinn haben. Auch Umwege sind Teile des Lernprozesses und bilden einen Teil des Ganzen. Zu Beginn der Therapie schildere ich den Frauen einen Vergleich zwischen der therapeutischen Arbeit und einem Puzzlespiel. In jeder Stunde nimmt man ein Puzzleteilchen auf, sieht es an und sucht den richtigen Platz im Bild dazu. Je mehr Teilchen ihren Platz gefunden haben, desto klarer wird das Bild.

Auch Stunden, die zunächst aus dem laufenden Therapieprozeß herausfallen, geben ein Teil des Puzzles her. Zum Ende der Therapie setzen sich dann manche Teilchen mühelos und von allein an ihren Platz.

Wenn das Bild fertig ist, kann die Frau sich und ihre Geschichte verstehen und weiß, wie sie mit ihrem Leben umgehen kann. Manchmal spürt sie noch die Narben der Schädigungen, aber sie sind ihr bekannt, und sie weiß sich damit zu helfen. Sie gestaltet ihr Leben selbst und setzt ihre Grenzen.

Wenn sie alle schmerzhaften und bedrohlichen Gefühle der Vergangenheit in sich hat spüren und akzeptieren können und neue Wege für sich gefunden hat, werden auch Gefühle wie Wärme, Vertrauen, Freude, Liebe und Glück in ihr lebendig. Sie hält das Leben in der Hand: mit allen guten und schlechten Seiten. Negatives kann sie bewältigen und Positives genießen.

Wieder ein kleiner Umweg, der aber viel mit den vorherigen Stunden zu tun hat: Frau Sommer hat an einem Wochenendseminar der Volkshochschule zum Thema Nähe und Distanz teilgenommen. Ihr Interesse daran paßt zu ihrer Arbeit am Aufbau von Grenzen und angemessener Distanz einerseits und zum Abbau alter Blockaden gegen wertvolle Nähe andererseits. Sie hat sich Anregungen von diesem Seminar versprochen.

Gleich zu Beginn hatte sie das Gefühl, die Leiterin könne ihr nicht viel geben, und sie solle lieber nach Hause gehen. Wie gewohnt hatte sie ihr Gefühl zur Ordnung gerufen und von sich verlangt, doch erst einmal abzuwarten.

Ihre Wut nahm im Verlauf des Seminars zu. Im Gespräch mit anderen Teilnehmern hatte sie erfahren, daß auch andere nicht recht zufrieden waren. Zuletzt war sie wütend auf sich selbst, nicht auf ihr Gefühl gehört zu haben. Ein ganzes Wochenende hätte sie entspannter und zufriedener verbringen können.

Ich beruhige sie: Auch solche Erfahrungen sind wichtig. An diesem Wochenende hat sie ganz bewußt gespürt, was um sie herum geschah. Sie hat noch nach ihrem alten Muster reagiert und nicht nach ihren Gefühlen gehandelt. Aber die bewußte Erfahrung, daß sie im Gefühl gleich zu Beginn des Seminars recht hatte, kann ihr in der nächsten Lebenssituation dabei helfen, sich mehr auf ihr Gefühl zu verlassen.

Frau Sommer ist empört über das Verhalten der Leiterin, das für Gruppenteilnehmer hätte gefährlich werden können. Sie findet es unmoralisch, Menschen mit einem Wissen zu konfrontieren und Erkenntnisse in Gang zu bringen, ohne sie mit den daraus entstehenden emotionalen Reaktionen auffangen zu können. Teilnehmer gehen verstört nach Hause, das Seminar ist zu Ende. Wer hilft ihnen dann mit ihren neuen Erkenntnissen und belastenden Gefühlen weiter?

Ich bestätige Frau Sommers Einschätzung. Schon oft habe ich die Opfer solcher verantwortungslosen Halblaien vor der Tür stehen gehabt, bis über beide Ohren in einer Krise. Auch mich macht ein solches Handeln von selbsternannten Gruppenleitern wütend. Es hilft den Menschen nicht, sondern es schädigt sie sogar.

Dieses Gespräch tut Frau Sommer gut. Sie ist einen Schritt weitergekommen auf dem Weg, sich selbst zu glauben.

26.11.91

Frau Sommer überlegt, ob sie ihren Sohn überfordert, wenn sie ihm von ihren Mißbrauchserlebnissen berichtet. Sie hat das Bedürfnis, damit er ihr Verhalten dem Bruder und der Mutter gegenüber verstehen kann. Nach ihren bisherigen Schilderungen hat ihr Sohn selbständig gewirkt und ist gut in der Lage, Situationen einzuschätzen und nach eigenen Entscheidungen zu handeln. Er wirkt reif und für seine sechzehn Jahre selbständig.

Ich spreche mit Frau Sommer über den Unterschied, den ich zwischen der Information von Kindern über eigene Gefühle und Erlebnisse und einem Abladen von Problemen bei ihnen sehe. Informationen können den Kindern helfen, ihre eigene Situation und ihre Beziehung zum Erwachsenen klarer zu erkennen und einzuordnen, solange der Erwachsene allein mit seinen Gefühlen umgehen kann. Ein Abladen eigener unbewältigter Probleme bei Kindern belastet und überfordert sie. Sie bemühen sich dann, den Eltern zu helfen, und sind dazu wegen des eigenen Entwicklungsstandes noch gar nicht in der Lage.

Frau Sommer hat noch weitere Sorgen. Sie hat bei Bekannten gesehen, daß der Mann seine Tochter sexuell berührte, und traute ihren Augen kaum. Sie hat oft Zweifel an der Sehfähigkeit ihrer Augen. So geht sie beispielsweise mehrmals zum Herd, um sich zu vergewissern, daß sie ihn ausgeschaltet hat.

Wir erarbeiten gemeinsam, daß der sexuelle Mißbrauch zum Zweifel an der eigenen Wahrnehmung führen kann. Frauen glauben sich oft lieber selbst nicht, als die furchtbare Wahrheit zu sehen. Kleine Kinder benötigen diesen Zweifel zum Überleben: Sie könnten nicht mit der Gewißheit leben, daß die Menschen, die sie am meisten lieben und brauchen, ihnen solche

Schmerzen und Qualen zufügen. Ich ermutige Frau Sommer, ihren Augen ähnlich wie ihren Gefühlen zu vertrauen. Sie ist kurzsichtig – aus körpertherapeutischer Sicht ein mögliches Signal dafür, nicht sehen zu wollen. Migräne wirkt sich ebenfalls auf die Augen aus, bei einer Attacke können sie nicht offengehalten werden. Frau Sommer möchte die Situation weiter beobachten und der Wahrnehmung ihrer Augen mehr vertrauen.

3.12.91

Frau Sommer hatte häufig Migräne, diesmal aber nur stundenweise und von anderer Qualität als früher. Sie konnte mit den Beschwerden leben.

Wir arbeiten jetzt wieder auf der Matte, nachdem wir einige Stunden mit Gesprächen verbracht haben. Die Form der therapeutischen Arbeit variiert je nach Thema und Situation von tiefer Körperarbeit auf der Matte bis hin zu Gesprächen im Sitzen. Auch hierbei entsteht ein eigener und harmonischer Rhythmus.

Frau Sommer fragt den Kopf nach seinem Befinden. Je mehr sie fragt, desto dichter wird der Kopf. Selbst vor das Pochen des Blutes schiebt sich eine Mauer, nicht einmal diese Körperreaktion kann sie mehr spüren. Ich frage, ob die Ursache für diese Mauer früh oder spät in ihrem Leben lag.

Frau Sommer beginnt zu weinen und erzählt von den Quälereien des Vaters. Diese begannen schon sehr früh. Er hat die Kinder schikaniert und täglich noch Aufgaben für sie ersonnen, wenn alles erledigt war. Er gab ihnen dann völlig unsinnige Aufträge und hat sie ständig in Atem gehalten. Er hörte damit auch nicht auf, wenn die Kinder sich seinem Willen fügten. Wenn Frau Sommer sich gegen unsinnige Aufträge wehrte, schlug er sie. Oft provozierte sie diese Schläge, weil sie wußte, daß danach für eine kurze Zeit Ruhe war.

Diese ständige Anspannung in der Familiensituation wirkte sich auch in der Schule aus. Zu Beginn war sie eine gute Schülerin, dann konnte sie immer weniger aufnehmen. Sie machte dem

Vater gegenüber dicht und verschloß sich schließlich der gesamten Lebenssituation.

Der Bruder kam in der Schule besser zurecht – er baute die Spannungen, die bei ihm durch das Verhalten des Vaters entstanden, wiederum bei seiner Schwester ab.

Regelmäßige Worte des Vaters waren »...und wenn ich sie totschlage...« Als Frau Sommer älter wurde, kam ihr zu Bewußtsein, daß der Vater nicht ganz klar sein konnte. Sie erklärte ihn für verrückt und zog im Alter von sechzehn Jahren bei der ersten sich bietenden Gelegenheit aus dem Elternhaus aus.

Frau Sommer hat sich vom direkten Thema Sexualität wegbewegt. Aus welcher inneren Dynamik heraus auch immer steigen jetzt alle Gefühle bezüglich des Vaters in ihr hoch. Ich vermute, daß sie sich an noch mehr belastende Situationen mit ihm erinnern wird und bereite sie darauf vor. Damit bis zur nächsten Sitzung nicht zuviel innerer Druck und damit das Risiko von Migräne entsteht, empfehle ich ihr, eventuell aufsteigende Erinnerungen aufzuschreiben und damit den emotionalen Druck abzubauen.

10.12.91

Frau Sommer hat viele Erlebnisse mit dem Vater aufgeschrieben, aber nicht mehr belastet darauf reagiert. Sie hat in Ruhe mit dem Sohn über ihre Mißbrauchserfahrungen gesprochen. Er ist recht locker damit umgegangen. Das Thema ist ihm aus Diskussionen mit Gleichaltrigen bekannt. Er war zwar erstaunt, daß seine Mutter auch davon betroffen ist, jedoch nicht schockiert. Er hat einfühlsam reagiert, war aber nicht besorgt. Er sah sie schreiben und bat sie, ihm vorzulesen. Sie war erstaunt, daß sie dazu in der Lage war. Innerlich war sie ganz ruhig dabei.

Wir sprechen noch über ihren immer wiederkehrenden Zweifel an sich selbst. Sie ordnet ihn so ein, daß sie so ganz anders als ihre Familie war. Dennoch blieb sie innerlich immer sie selbst. Dazu mußte sie sich von ihrem Umfeld distanzieren und bekam

keine Bestätigung für ihre Gefühle und Gedanken. Eine Unsicherheit, ob sie wirklich richtig dachte und fühlte, blieb übrig.
Ich bitte Frau Sommer, ihre Meinung wichtiger zu nehmen, denn ihre Erfahrungen zeigen immer wieder, daß ihre Einschätzungen ernst zu nehmen sind.

17.12.91

Frau Sommer hat in der vergangenen Woche viel über ihre Selbstzweifel nachgedacht. Gestern hat sie einen Film über Depressionen gesehen. Sie möchte mehr über den Mechanismus einer Depression wissen.
Wir sprechen darüber, wie sich die Depression als dicker Nebel, Decke oder Watte über die Gefühle legt, wenn ein Mensch seine schmerzhaften und bedrohlichen Gefühle nicht mehr auszuhalten glaubt. Die Depression schützt und macht gefühllos. Aber sie verlangt den Preis jeglicher Lebendigkeit, und innerlich wird es leer und totenstill. Sie legt sich über den Körper und hindert ihn an Bewegungen. Sie verteilt Blei in den Gliedern und legt sich über die Augen. Depression ist immer auch Resignation, ein Aufgeben in einer aussichtslosen Situation. Wut und Wehren gegen eine Verletzung sind nicht möglich. Die Depression bindet die Energie der Wut und der wehrhaften Impulse. Für das Leben bleibt kaum noch Energie übrig.
Frau Sommer sieht in dieser bildhaften Darstellung der Depression viele Anteile aus ihrem Leben. Wenn sie weiterhin so intensiv an ihren Gefühlen arbeitet, braucht sie keine Angst vor einer Depression zu haben. Sie holt in der Therapie und auch in Eigenarbeit zu Hause ein Gefühl nach dem anderen aus ihrem Inneren hervor, sieht es sich an, erträgt den Schmerz und das Grauen ihrer Erinnerungen und verarbeitet das Geschehene. Sie wird immer beweglicher und lebendiger. Die Wut fehlt noch in ihrem Gefühlsausdruck und die Überzeugung, ein Recht auf Wehrhaftigkeit zu haben.
Für die meisten mißbrauchten Frauen ist diese Wut sehr schwierig zu akzeptieren, weil sie die Gewalt des Täters mit Wut ver-

bunden erlebt haben und niemals so sein wollen wie der Täter. Sie können eine gesunde und wehrhafte Wut nicht von der blinden und destruktiven Wut des Täters unterscheiden. Ihre eigene Wut aus den Mißbrauchssituationen, die sie nicht zum Wehren haben nutzen können, sitzt noch in ihnen fest, und sie haben Angst, ein großes und haßvolles Monster könnte aus ihnen hervorbrechen, wenn sie die Wut freiließen. Sie haben Angst, auch ihre eigene Wut könnte mit Gewalt verbunden sein.

Die Arbeit an der Wut wird in der Regel dann leichter, wenn eine Frau sich bereits bei anderen Gefühlen wie beispielsweise Traurigkeit, Angst, Mißtrauen oder Enttäuschung von ihrem depressiven Schutz befreit hat. Irgendwann vertraut sie ihren Gefühlen wieder, und die Wut wird einschätzbarer.

Heute fühlt Frau Sommer sich nicht von Gefühlen bedrückt, sie ist ruhig und entspannt. Ich bin erstaunt, daß sie meinen Vorschlag, eine Entspannungsübung zu machen, sofort annimmt. Diese Gelassenheit erlebe ich zum ersten Male bei ihr. Bisher drängte sie mit aller Kraft und allem Willen vorwärts und gönnte sich keine Verschnaufpause. Sie scheint mit ihrer bisherigen Arbeit zufrieden zu sein.

Wir führen eine Muskelentspannung durch, und ich schließe ein entspannendes Bild für ihre Vorstellung an: Sie liegt auf einer Sommerwiese, und die Sonne wärmt ihren Bauch. Sie riecht den Duft der Blumen und hört dem Zwitschern der Vögel und dem Plätschern eines Baches zu.

9.1.92

Ein neues Jahr beginnt. Vor fast genau einem Jahr hat Frau Sommer mit der Therapie begonnen. Das erste Jahr hat sie im Dezember mit Entspannung und Ruhe abgeschlossen.
Doch nun geht es weiter zu neuen Taten. Frau Sommer hat auch der Tochter von ihren Mißbrauchserlebnissen berichtet. Diese hat eine Auseinandersetzung ziemlich abgewehrt und ihren Onkel ansatzweise eher entschuldigt. Die Tochter hat das Gespräch dazu genutzt, Frau Sommer dafür anzugreifen, daß sie

sie vom Alter von zehn Jahren an zu wenig in den Arm genommen habe.

Als wir uns das Verhalten der Tochter in Ruhe ansehen, zeigt sich auch in anderen Bereichen, daß sie emotionalen Konfrontationen lieber aus dem Wege geht und die Schuld schnell bei anderen sucht. Frau Sommer neigt dann dazu, ihre eigenen Gefühle herunterzuschlucken, um die Tochter nicht zu belasten. Es fragt sich, ob ihre eigenen Schuldgefühle der Tochter gegenüber dazu führen, daß sie sich von ihr verletzen läßt.

Wir sprechen über das Recht jedes Erwachsenen auf eigene Gefühle. Dieses Recht hat auch Frau Sommer, unabhängig davon, ob die Tochter mit ihr zufrieden ist. Vielleicht konnte Frau Sommer die Tochter infolge ihrer Probleme nicht ausreichend in den Arm nehmen. Es ist durchaus möglich, daß sie Schwierigkeiten mit körperlicher Nähe hatte. Aber diese Probleme sind kein Grund, daß die Tochter aus eigenem Ärger ihr gegenüber den Onkel entschuldigt.

Zum Ende der Stunde berichtet Frau Sommer noch von einem Traum: Sie saß hoch über der Erde im Sonnenschein und genoß den Blick. Plötzlich entstand eine heftige Fallangst. Sie kennt diese Fallangst auch aus Alltagssituationen und fragt sich, woher sie kommt. Ich schlage ihr vor, beim nächsten Mal daran zu arbeiten.

Der Telefonanruf

Es ist der 12. Januar 1992, ein gemütlicher Sonntag. Das Telefon klingelt zur Mittagszeit. Wir ahnen nichts Böses.
Mein Bruder ist am anderen Ende der Leitung. Wie es mir geht? Danke, gut, es geht! Seine Stimme wirkt aufgesetzt freundlich. Er teilt uns seinen Urlaubstermin mit. Ich glaube nicht richtig zu hören. Eiskalt, vielleicht ein klein wenig unsicher, dringt seine Stimme an mein Ohr. Vom 25. Juni bis 31. Juli ist er mit seiner Frau in Frankreich, und wir hätten uns um die Mutter zu kümmern. Da sie, wie er glaubt, nicht zu uns kommt, hätte ich die ganze Zeit rund um die Uhr bei ihr zu sein. Das sind etwas über fünf Wochen!
Mein Mann hat vom 13. bis zum 31. Juli Werksurlaub. Für mich sieht es so aus, als ob sich mein Bruder beim Arbeitgeber nach dem Zeitpunkt der Betriebsferien erkundigt hat. Ich vermute, da steckt die Absicht hinter, mich zu ärgern. Mir verschlägt es erst einmal die Sprache. Auf meine etwas zaghaften Einwände läßt er sich überhaupt nicht ein. Nach kurzer Zeit lege ich auf. Keinen Widerspruch. Ich habe nach seinem Willen zu funktionieren. Mir ist ganz schlecht vor Wut. Das kann man doch nicht mit mir machen! Erst recht nicht jetzt! Ich hatte gehofft, er würde nach unserem Gespräch im Oktober letzten Jahres sensibler reagieren. Wenn ich höflich gefragt worden wäre, hätte ich mich darauf eingelassen So wie es unter normalen Erwachsenen üblich ist. Die Art und Weise ist es, wie er mit mir umspringt, die mich so maßlos ärgert.
Ich berate mit meinem Mann, was wir machen. Er ist stinksauer, aber bereit einzulenken und ringt sich zu einem Gegenanruf durch. Weist meinen Bruder auf unseren Urlaub hin, den wir nehmen müssen und nicht verschieben können. Ob es einen Grund gibt, warum die Mutter nicht für die Zeit zu uns kommen kann. Es hat sich doch an ihrer körperlichen und geistigen Rüstigkeit nichts geändert. Warum besteht er darauf, daß ich sie mehr als fünf Wochen rund um die Uhr betreuen soll? Es läßt sich doch bestimmt

anders bewerkstelligen. Sein Schwager beharrt auf seiner Anordnung und ist zu keinem Arrangement bereit. Ganz clever versucht er meinen Mann, der ein großer Musikfan ist, in ein Gespräch über seine neue Heimorgel zu verwickeln.

Das darf doch nicht wahr sein. Mein Mann ist zwar betroffen, doch noch so höflich, daß er darauf eingeht. Ich gebe ihm ein Zeichen, er versteht und beendet das Gespräch.

Über fünf Wochen, fast sechshundert Kilometer Entfernung, eine Familie sowie eine Schwiegermutter, die versorgt werden will, ein kranker Hund. Mein Mann hat Werksurlaub in dieser Zeit und mein Sohn Ferien. Mein Bruder drückt mir diesen Termin ohne Absprache ganz einfach aufs Auge.

Mein Mann ist um des lieben Friedens willen bereit, wenn auch zähneknirschend, mitzumachen. Nur ich nicht. Mir ist sofort klar, wenn ich vor seinen Intrigen in Zukunft Ruhe haben will, muß ich diesen Menschen in seine Grenzen weisen. Innerlich rasend, erbost, verwundet, setze ich mich hin und schreibe einen Brief.

Ich spreche noch einmal die Punkte an, die mich ärgern, und daß ich die Urlaubsregelung nicht über den Kopf der Mutter treffe. Auch wenn sie alt ist, hat sie ein Recht auf Eigenbestimmung. Ich behalte mir vor, es mit ihr abzusprechen. Noch möchte ich nach Möglichkeit verhindern, daß meine Mutter bei einer Auseinandersetzung die Leidtragende ist. Sie ist alt, sie tut mir leid, und ich will sie schützen.

Es ist Sonntagnachmittag. Soeben habe ich den Brief an meinen Bruder direkt bei der Post in den Briefkasten geworfen, damit er schneller am Ziel ist. Auch danach gelingt es mir nicht, mich zu beruhigen. Die Wut im Bauch ist so riesig, daß ich Magenschmerzen bekomme. Mir geht es nicht gut, und ich gehe früh zu Bett. Ich fühle mich solchen Menschen gegenüber so hilflos. Warum macht er das, ich kann es mir nicht erklären. Er kann mich doch nicht einfach benutzen, wenn er mich braucht.

Ich schlafe unruhig und träume schlecht. Einige Zeit vor dem eigentlichen Aufstehen erwache ich mit fürchterlicher Migräne, bekomme meine Augen nicht auf. Ein starker Druck lastet auf ihnen. So heftige Kopfschmerzen hatte ich schon seit fast vier Monaten nicht mehr. Ich fühle mich elend. Weinkrämpfe schütteln

mich einige Male an diesem Tag. Ein Gefühl der Resignation überflutet mich. Ich ertrinke in einem See von Verzweiflung.

Mein Mann kommt am Nachmittag von der Arbeit. Den grauenvollen Zustand, in dem ich mich befinde, kann ich nicht vor ihm
verbergen. Schon bei seinem Anblick kommen mir erneut die Tränen. Ich kann mich zu nichts aufraffen, sitze da und starre ins
Leere. Es hat doch alles keinen Zweck. Mein Mann bekommt
Angst vor einem Rückfall und ruft meine Therapeutin an. Sie sprechen eine ganze Weile zusammen, und ihr Rat gibt uns Mut. Für
mich bleibt nur noch die Flucht nach vorn. Nachdem ich die Resignation erstaunlich schnell überwunden habe, kann ich wieder
klar denken. Der Ärger bleibt. Ich warte auf einen Antwortbrief,
der aber nicht kommt.

Die nächsten Therapiestunden empfinde ich als echte Lebenshilfe.
Wir sprechen über den Telefonanruf, das Verhalten meines Bruders sowie meine Reaktion darauf. Mir wird eines klar. Um Ruhe
in mein Leben zu bringen, muß ich den Druck unterbinden, der
von ihm ausgeht. Ich darf mir seine Bedingungen nicht diktieren,
mich nicht von ihm überfahren lassen.

In einem zweiten Brief, den ich am 16. Januar per Einschreiben
hinterherschicke, spreche ich erneut meinen Ärger über sein Verhalten an. Schreibe ihm, daß er sich nicht noch einmal trauen soll,
so über uns zu bestimmen. Neben einigen anderen Punkten bitte
ich ihn, in Zukunft solche Absprachen schriftlich mit mir zu treffen. Außer für die Zeit unseres Werksurlaubes bin ich gerne bereit, mit unserer Mutter ihre Urlaubsbetreuung abzusprechen,
und nur mit ihr. Noch gebe ich ihm Gelegenheit, darauf einzugehen und einzulenken. Einen besonderen Adrenalinstoß verdanke
ich noch der plötzlichen Erkenntnis, daß dieser Anruf pure Absicht war. Er wußte, daß Telefonanrufe, noch dazu mit solchem
Inhalt, Migräneattacken bei mir auslösen.

Das Wochenendtelefongespräch mit meiner Mutter verläuft wie
üblich. Nur frage ich nach, wie sie sich eine Urlaubsregelung für
den kommenden Sommer denkt. Die Antwort ist kurz. Sie möchte
sich noch nicht entscheiden und schiebt es vor sich her. Fünf Wochen bei uns zu verbringen lehnt sie ab. Mein Bruder hat ihr von
meinem Brief erzählt. Ich beruhige sie. Versuche zu erklären, daß

ich sein Verhalten unmöglich finde. Nach dem Telefonat schreibe ich ihr einen Brief, in dem ich ihr, wie ich finde, viele annehmbare Vorschläge unterbreite. Ich frage sie nach ihren Vorstellungen für die Zeit. Am nächsten Wochenende bekomme ich am Telefon eine positive Rückmeldung von meiner Mutter. Sie versucht mich zu verstehen, möchte sich aber noch nicht entscheiden und dankt für meinen Brief.

Am 28. Januar erhalte ich endlich einen Antwortbrief von meinem Bruder. Er lenkt nicht ein, im Gegenteil, nun geht es erst richtig los. Sein mit Computer geschriebener Brief zeigt mir, daß er nicht begreift oder begreifen will, wogegen ich mich wehre und was mich so wütend gemacht hat. Ich werde von ihm überfahren, er macht mir Vorwürfe, Vorschriften und wertet mich ab. Er schreibt sehr aggressiv und wirft mir erhebliche Gefühlskälte vor sowie eine überzogene Reaktion. Das Senden von Einschreibebriefen untersagt er mir und behauptet, ich weigerte mich, die Absprache einzuhalten, die Mutter zu versorgen. Er glaubt an einen Versuch von mir, ihn in eine bestimmte Ecke drängen zu wollen, und widerspricht sich, wie ich erkennen muß, zum Teil mit Absicht.

Na bitte, dann Kampf. Diesmal gebe ich nicht klein bei.

Die größte Torheit, die ein Mensch begehen kann, ist die, den anderen zu unterschätzen.

Nach Erhalt des Briefes schlafe ich erst einmal eine Nacht darüber. Bestimmte Dinge geraten in Bewegung, sie entwickeln eine Art Eigendynamik.

Jedoch schon als ich am nächsten Morgen den Frühstückstisch decke, fange ich an, zwischendurch Stichworte für ein Antwortschreiben zu notieren. Ich bin aufgewühlt und so in Gedanken, daß ich dabei an einer Kerze den linken Ärmel meines Bademantels in Brand setze. Erst als es heiß wird und die Flammen schon hochlodern, nehme ich sie wahr und schreie nach meinem Sohn. Ich schaffe es dann aber allein, das Feuer auszuschlagen. Den Bademantel kann ich wegwerfen. Das hätte schlimm ausgehen können. Den ganzen Tag arbeite ich an dem Schreiben, gehe auf alle Punkte ein, versuche zu erklären, mich zu rechtfertigen, und bin trotz fünf Seiten nicht zufrieden mit meinem Werk. Das nervt mich. Was ich auch versuche, ich habe das Gefühl, ich werde sowieso nicht verstanden.

Deshalb nehme ich den Entwurf auch am nächsten Tag zur wöchentlichen Therapiestunde mit. Durch die Diskussion mit meiner Therapeutin verstehe ich plötzlich, warum die Verständigung nicht klappt, nie geklappt hat. Der Vergleich, den sie zur Erklärung benutzt, macht mich nachdenklich. Wir sprechen tatsächlich zwei verschiedene Sprachen und können so einander nicht verstehen.

Hier und jetzt lerne ich, wie man einem solchen Menschen den richtigen Brief schreibt, in seiner Sprache. Ganze zweieinhalb Seiten sind es, auf denen er jedes Wort verstehen wird. Ich weise ihn gleichfalls darauf hin, daß meine Reaktion auf seinen Anruf auch mit seinem sexuellen Mißbrauch an mir in der Kindheit zusammenhängt.

Am gleichen Tag geht dieses Schreiben als Einschreibebrief mit Rückschein an die Adresse meines Bruders. Den Rückschein habe ich drei Tage später zurück und somit die Gewißheit, daß die Sendung den Empfänger erreicht hat. Seitdem ist der Kontakt zu ihm abgebrochen, auf seine Reaktion habe ich lange gewartet.

Dieser Mann wird mich nicht mehr verletzen können, und sollte er es versuchen, habe ich keine Probleme damit, mich öffentlich mit ihm zu streiten.

16.1.92

Frau Sommer hatte zwischenzeitlich einen schweren Migräneanfall. Sie hat den Zusammenhang mit einem Anruf des Bruders gleich selbst erkannt. Der Bruder hatte Frau Sommer mit kurzen Worten »Order« gegeben, die Mutter während seines Urlaubs zu versorgen, und die Daten mitgeteilt.

In dem vom Bruder festgelegten Zeitraum liegt der gesamte Familienurlaub. Frau Sommer hat dem Bruder bereits einen Brief geschrieben, in dem sie sich gegen seinen Kommandostil gewehrt, die Versorgung der Mutter im festgelegten Zeitraum aber akzeptiert hat.

Ebensowenig wie Frau Sommer kann ich mich nicht ganz des Eindrucks erwehren, daß der Bruder die Betriebsferien von Herrn Sommer möglicherweise kannte und seinen Urlaub gezielt dahin verlegt haben könnte. Vielleicht ist es auch nur ein Hauch seiner gewaltsamen Art, der mir leicht den Rücken herunterläuft. Es ist durchaus vorstellbar, daß der Bruder seit dem Geburtstagsfest im Herbst über dem Gespräch mit Frau Sommer gebrütet und nach einem Weg gesucht hat, sich bei ihr für diese Konfrontation zu rächen.

Wir sprechen über das Verhalten von Tätern, die in der überwiegenden Mehrzahl die Verantwortung für ihr Handeln nicht übernehmen und nach einer Konfrontation mit der Tat wiederum nach einem Weg suchen, die eigenen Spannungen bei anderen abzureagieren.

Frau Sommer ist stolz darauf, daß sie sich in ihrem Antwortbrief bereits gegen den Stil des Bruders gewehrt hat. Im heutigen Gespräch spürt sie noch deutlicher, wie unverschämt er mit ihr umgeht. Im Interesse der Mutter möchte sie deren Versorgung schon übernehmen, aber eigentlich nicht im Zeitraum der Ferien des Mannes. Sie fühlt, daß sie dem Bruder noch deutlichere Grenzen setzen möchte, als sie es bislang getan hat. Beschwert hat sie sich zwar, aber der Bruder kann dennoch einen Sieg für sich verbuchen, wenn Frau Sommer letztendlich das tut, was er angeordnet hat. Sie überlegt, ihm einen weiteren Brief zu schreiben mit einer Grenze um ihren eigenen Urlaub. Der Bruder kann seine Ferien frei wählen, Frau Sommers Mann nicht. Der Bruder bricht mit seiner gewaltsamen Art in Frau Sommers Leben ein – ebenso in den Therapieprozeß: Denn eigentlich wollten wir heute an Frau Sommers Fallangst arbeiten. Im Therapieprozeß bedeutet die aktuelle Situation jedoch nicht nur eine Unterbrechung, sondern auch eine Gelegenheit für sie, mehr Wehrhaftigkeit zu lernen und an dieser Auseinandersetzung mit dem Bruder zu wachsen.

Frau Sommer war mutig und hat dem Bruder noch einen Brief geschrieben, in dem sie den eigenen Ferienzeitraum bei der Betreuung der Mutter ausgeschlossen hat. Er hat noch nicht geantwortet. Es ist möglich, daß er wieder einen Schlag gegen sie ausbrütet.

Frau Sommer hat mit der Mutter telefoniert, die offensichtlich vom Streit der Geschwister weiß. Ob sie auch über den sexuellen Mißbrauch des Sohnes an der Tochter informiert ist, war für Frau Sommer nicht erkennbar. Sie selbst fühlt sich der Vergangenheit gegenüber immer freier. Sie kann im Rahmen ihrer eigenen Familie frei über den sexuellen Mißbrauch durch den Bruder sprechen. Außenstehenden gegenüber ist es noch nicht möglich.

Sie spürt immer deutlicher, wie gewaltsam der Bruder auch heute noch mit ihr umgeht und grausam mit ihr zu spielen versucht, wie die Katze mit der Maus. Doch sie läßt nicht mehr mit sich spielen und beginnt beim Setzen der Spielregeln mitzureden, sicherlich zum Erstaunen und zum Ärger des Bruders. Ich gebe Frau Sommer zwei Bücher von Doris Janshen mit nach Hause, in denen sie einiges zu allgemeinen Gewaltstrukturen nachlesen kann.

30.1.92

Der Bruder hat einen aggressiven und zynischen Antwortbrief geschrieben. Frau Sommer hat schon einen eigenen Brief dazu vorbereitet, möchte ihn aber gern noch mit mir durchsprechen.

Wir trennen in den Überlegungen zwischen der Inhalts- und der Beziehungsebene. Auf der inhaltlichen Ebene geht es um die Versorgung der Mutter während des Sommers. Hier sieht Frau Sommer für sich keine Probleme, außer daß sie die Zeit ihres eigenen Urlaubs dabei ausklammern möchte. Eine Klärung dafür wäre unter anderen Bedingungen sicherlich kein unlösbares

Problem zwischen gutwilligen Geschwistern. Die Beziehungsebene ist da schon wesentlich schwerer. Der Bruder möchte
Frau Sommers Handeln bestimmen, Frau Sommer will das
nicht. Auf der Beziehungsebene findet gerade ein Kampf statt.
Ein Täter wie der Bruder wird keinen Kompromiß zulassen, er
will siegen. Für ihn gibt es nur Sieg oder Niederlage, Macht
oder Ohnmacht. Entweder verbreitet er Angst und Gewalt,
oder er duckt sich aus Angst vor der Macht anderer. Wenn Frau
Sommer Ruhe vor dem Bruder haben möchte, muß sie sich auf
diesen Kampf einlassen.

Der Bruder kennt Worte wie Gerechtigkeit, Korrektheit, Kom-
promisse, Rücksicht, Mitgefühl, Zuneigung und viele andere
nicht in seinem Gefühlsrepertoire. Er wird Frau Sommers son-
stige Umgangsformen und Kommunikationsstrukturen weiterhin mit Füßen treten. Die einzige Möglichkeit, Ruhe vor ihm zu
haben, besteht darin, ihn zu besiegen und ihm angst zu machen,
ihn von der Seite der Macht auf die der Ohnmacht zu bewegen.

Um für den Bruder die Ebenen von Inhalt und Beziehung deutlich zu machen, schlage ich Frau Sommer vor, auch in ihrem
Brief diese beiden Ebenen zu trennen, möglicherweise sogar
zwei getrennte Briefe dazu im Abstand von einigen Tagen abzuschicken. Für die Beziehungsebene empfehle ich Frau Sommer, sein Verhalten deutlicher als Täterverhalten zu entlarven,
zu benennen und ihm zu verdeutlichen, daß sie keine Angst vor
ihm hat. Vielleicht kann sie ihm sogar direkt mitteilen, daß sie
keine Angst vor einer Veröffentlichung seiner Mißbrauchs-
handlung hat, denn er hat einen Ruf zu verlieren, nicht sie. Frau
Sommer will alles in Ruhe überdenken und dann für sich entscheiden.

6.2.92

Wir sprechen noch einmal über Macht-, Gewalt- und Täter-
strukturen. Zu Frau Sommers endgültiger Beruhigung überlegen wir noch lange, ob der Bruder irgendeinen weiteren An-

satzpunkt finden könnte, um sie zu verletzen. Die einzige Verbindung zum Bruder besteht noch über die Mutter, und hier konnte er Frau Sommer in ihrem eigenen Anspruch an die Versorgung der Mutter treffen. Wenn sie klare Grenzen setzt, gibt es keinen Angriffspunkt mehr für den Bruder. Sie hat immer noch ein Stückchen Angst, für das sie auf der realen Ebene keinen Grund finden kann. Vielleicht ist es die jahrelange Gewohnheit, sich ihm gegenüber immer ängstlich zu fühlen. Dieses Stückchen Angst wird allmählich kleiner werden und sich völlig auflösen, wenn sie die Erfahrung macht, daß der Bruder Ruhe gibt und sie nicht mehr angreift.

Frau Sommer denkt immer wieder einmal an die Nichte. Wenn sie keinen Kontakt zum Bruder mehr hat, ist fraglich, wieweit sich noch eine Gelegenheit zum Gespräch mit ihr ergeben kann. Frau Sommer kann hier nur offen bleiben und bei irgendeiner Gelegenheit der Nichte ihr Interesse an einem Gespräch signalisieren.

Die Explosion

Meiner Mutter schreibe ich mit gleicher Post einen Brief. Noch bin ich willens, sie aus allem herauszuhalten. Ich sage ihr, daß die Streitigkeiten zwischen uns Geschwistern nichts mit ihr zu haben, und biete ihr alle Hilfe an, die sie braucht. Ich versichere noch einmal, daß wir ihre Betreuung während des Sommers ohne Probleme mit den von mir gemachten Vorschlägen übernehmen werden.

Das nächste Telefonat mit meiner Mutter ist ein Schock für mich. Mein Bruder hat sie in der Zwischenzeit bearbeitet, er schiebt mir die Schuld an der Auseinandersetzung in die Schuhe. Er vermittelt ihr, und sie glaubt ihm, daß ich es ablehne, mich um sie zu kümmern. Was treibt er für ein Spiel, ich kann es nicht fassen.

Sie müßte es eigentlich besser wissen. Plötzlich zählen alle unsere bisherigen Hilfen und Angebote nichts mehr. Aus ihren Worten klingt Unverständnis, und sie macht mir Vorwürfe. Daraufhin mache ich Andeutungen über den wahren Grund unseres Streites. Sie fragt mich, was vor so langer Zeit geschehen sein kann. Es ist doch alles schon so lange her, über vierzig Jahre. Es kann doch, was immer es auch war, heute keine Auswirkung mehr haben. Sie möchte meine Antwort nicht hören, sie blockt ab. Ihre dann folgende Frage empört mich. Ob ich noch zu der Psychotante gehe? Sie hat das Empfinden, ich stehe unter einem schlechten Einfluß.

Die Frau, die mir hilft, muß für sie eine große Bedrohung sein. Ich sage ihr, wie gut es mir inzwischen dank der Therapie gesundheitlich geht. Dies ist für sie völlig unwichtig, es interessiert sie nicht. Sie will auch keinen Besuch von mir, kein aufklärendes Gespräch am Telefon, keinen Brief. Ich rate ihr, meinen Bruder nach dem Grund des Zerwürfnisses zu fragen. Von ihm erfährt sie nichts.

Da ich ihre Ablehnung überdeutlich spüre und keine Lust habe, mich ständig anzubieten, mache ich ihr folgenden Vorschlag: Ich stelle die regelmäßigen Anrufe vorerst ein. Wenn sie aber das Bedürfnis hat, mit mir zu reden, oder meine Hilfe braucht, soll sie mich anrufen. Mein Bruder hat ganze Arbeit geleistet.

Das erste Mal tauchen Zweifel bei mir auf, Zweifel an dem Bild, das ich von meiner Mutter habe. Nun erwacht mein Interesse erneut an der Frage, wie es kommen konnte, daß sie von dem Mehrfachmißbrauch nichts gemerkt hat. Oder weiß sie doch etwas? Weshalb blockt sie so ab?

Durch den Druck meines Bruders bin ich gezwungen, dem Rat der Therapeutin zu folgen, meiner Mutter einen Brief zu schicken. Obwohl ich Angst um ihre Gesundheit und vor ihrer Reaktion habe, schreibe ich ihr die entschärfte Fassung der Ergebnisse meiner Therapie und die Gründe der Auseinandersetzung mit meinem Bruder. Ich biete an, für ein Wochenende zu ihr zu fahren, um ein klärendes Gespräch zu führen, und versichere ihr noch mal, ihre Betreuung im Sommer zu übernehmen.

Ich sehe nun die winzige Chance, durch Aufklärung ein ehrlicheres und herzlicheres Verhältnis als bisher zu ihr zu bekommen. Die andere Mutter sehe ich jetzt aber auch, eine, die keine Probleme in ihrer ach so ehrbaren Familie sehen will und bei jedem heiklen Gespräch den Raum verläßt.

Um der Migräne zu entgehen und Frieden in meinem Inneren zu finden, muß ich all den Müll aus meiner Seele fegen, der die letzten Jahre so unerträglich werden ließ. Ich bin bereit, das Ganze durchzustehen.

An dem Tag, an dem ich vermute, daß der Brief seinen Bestimmungsort erreicht hat, rechne ich mit einem erlösenden Anruf. Ich stelle mir vor, daß meine Mutter mir sagt, sie hätte von nichts gewußt, und daß ihr alles leid tut. Oder sich ganz einfach neutral verhält. Aber kein Telefon läutet. Kein Anruf kommt. Die Beklemmung weicht nicht von mir. Ich habe Magenbeschwerden und erneut gegen alle Vernunft Schuldgefühle. Vielleicht ist ihr etwas zugestoßen? So reiht sich ein Tag an den anderen, und es geschieht nichts. Wann habe ich diesen Nervenkrieg endlich hinter mir?

Die innere Anspannung läßt in dieser Zeit kaum nach, wächst zeitweise sogar noch. Ich kann nicht fassen, daß überhaupt keine Reaktion kommt. Ich denke jede Stunde daran, wie würde ich mich als Mutter bei meinen Kindern verhalten.

Mein Körper reagiert mit leichter Migräne und Alpträumen. Ich träume, ich fahre mit einem entfernten Verwandten in einem Konferenzbus. Es sind zwei Busse, wir sitzen im vorderen. Der Abstand zwischen beiden ist groß. Die Fahrt geht durch ein altes, wunderschönes, enges Bergstädtchen. Wir haben die Stadt schon hinter uns gelassen, sehen den zweiten Bus aber noch nicht. Plötzlich eine gewaltige Detonation. Der zweite Bus ist explodiert. Ich weiß es instinktiv und sehe den Feuerschein über der Stadt. Dann erwache ich.

Einige Tage später der gleiche Traum in einer anderen Version. Diesmal sehe ich das Unglück aus sicherer Entfernung. Ein Lastwagen setzt zurück, zerstört dabei den größten Teil eines Hauses. Erneut folgt eine gewaltige Explosion.

Erwachen und zu wissen, nur geträumt zu haben, ist eine Erleichterung.

13.2.92

Nun scheint die Zeit der Auseinandersetzung mit der Mutter gekommen zu sein. Frau Sommer hat mit ihr telefoniert, und die Mutter hat ihr dieselben unsinnigen Vorwürfe gemacht wie der Bruder: Sie wolle sich wohl nicht um die alte Mutter kümmern und sei auch nicht bereit, einmal auf eigene Interessen zu verzichten.

Frau Sommer hat ihr daraufhin einen Brief geschrieben und der Mutter vom sexuellen Mißbrauch durch die Oma und den Bruder berichtet. Sie hat verhalten geschrieben, weil sie die Mutter nicht allzu tief in ihrem Gefühl treffen möchte. Auch den russischen Soldaten hat sie erwähnt.

Wir sehen uns den vorbereiteten Brief gemeinsam an, der so viele Fragen offenläßt, daß die Mutter eigentlich mit Nachfragen reagieren müßte. Eine Mutter, die ihre Tochter liebt und um sie bemüht ist, müßte spätestens jetzt erkennen, daß es der Tochter schlechtgeht und wie schlimm es war, was ihr zugefügt wurde. Empörung und Entsetzen müßten spürbar werden, vielleicht auch eine verzweifelte Frage an sich selbst, warum sie den Mißbrauch nicht bemerkt hat. Allmählich müßte sie sich an Auffälligkeiten der Tochter erinnern, die sie vielleicht nicht hat zuordnen können. Sie müßte sich selbst in die Verantwortung nehmen, weil sie nicht nach den Ursachen für das Unglücklichsein der Tochter gesucht hat. Eigentlich müßte sie sich auch daran erinnern, wie gewaltsam der Mann der Tochter gegenüber war und daß dieses ihr ebenfalls geschadet haben könnte.

Ich befürchte jedoch, daß Frau Sommers Mutter sich so verhalten wird, wie sie es schon immer getan hat und wie es ihrem allgemeinen Umgang mit dem Leben entspricht: die Augen vor der Wahrheit verschließen und voller Abwehr gegen alles, das ihr Bild von der heilen Familie zerstören könnte. Wenn sie ihr Bild in Frage stellen würde, müßte sie den Ablauf ihres gesamten Lebens neu überdenken, alle Fehler sehen und fühlen, und das wäre ungeheuer schmerzhaft.

Es bliebe der Mutter nur noch der Weg, um die Tochter und um sich selbst zu weinen und die Tochter um Verzeihung zu bitten. Wäre sie dazu in der Lage, könnte Frau Sommers Schmerz heilen und eine ehrliche und liebevolle Mutter-Tochter-Beziehung auch heute noch entstehen.

Frau Sommer bereitet sich innerlich auf beide Möglichkeiten vor. Über eine offene Reaktion der Mutter würde sie sich sehr freuen. Wenn die Mutter jedoch abwehrt, wird der Kontakt zu ihr in der bisherigen Form nicht mehr möglich sein und vermutlich abbrechen. Frau Sommer fühlt sich in der Lage, damit umzugehen.

20.2.92

Weder die Mutter noch der Bruder haben bisher reagiert. Vielleicht braucht die Mutter noch Zeit, um mit den Informationen umgehen zu können.

Im Gespräch fällt uns noch eine dritte Verhaltensmöglichkeit für die Mutter ein: Sie könnte den gesamten Brief verdrängen wie bisher alle unangenehmen Ereignisse ihres Lebens. Das hätte zur Folge, daß die Mutter sich so verhält, als hätte sie den Brief nie erhalten. Sie würde dann reagieren wie immer: gelegentliche Telefonate ohne wesentlichen Inhalt und eine Karte mit Scheck zum Geburtstag.

Frau Sommer hat in allen Situationen die freie Wahl, wie sie sich verhalten möchte. Sie kann auch von sich aus bei der Mutter anrufen und um eine Klärung des Sommerurlaubs bitten.

Im Zusammenhang mit den möglichen Reaktionen der Mutter sprechen wir über allgemeingesellschaftliche Reaktionen auf sexuellen Mißbrauch. Abwehr ist eine der häufigsten Reaktionen. Menschen wollen das Entsetzen über diese Verletzungen von Kindern nicht fühlen, sie wollen den inneren Schmerz nicht haben. Schon Freud konnte seine Erkenntnisse nicht ertragen, als er feststellen mußte, daß nicht nur viele seiner Klientinnen Mißbrauchserfahrungen hatten, sondern daß sein eigener Vater seine Geschwister sexuell mißbraucht hatte. Viele andere Fachmänner und Fachfrauen sind ihm in seiner Theorie gefolgt, Mädchen dächten sich solche Erlebnisse aus. Dieser Weg ist der einfachere: Was nicht geschehen ist, kann keine unerträglichen Gefühle auslösen.

Dieses Entsetzen kenne ich durch meine Arbeit schon lange, und ich begegne ihm immer wieder, wenn ich mit einer Frau durch ihre Mißbrauchserlebnisse gehe. Ich spüre auch manchmal den Wunsch, es möge alles nicht wahr sein, wenn Frauen vor meinen Augen sadistische Qualen noch einmal erleben. Ich kann die Abwehr verstehen, aber sie ist dennoch nicht richtig. Wir können die Augen nicht einfach verschließen, wenn wir furchtbaren Dingen begegnen, sondern wir müssen zufassen, Leid beenden und gegen Gewalt angehen. Das gilt meiner Meinung nach nicht nur bei sexuellem Mißbrauch.

27.2.92

Nun sind zwei Wochen seit Frau Sommers Brief an die Mutter vergangen, und es gibt nach wie vor keine Reaktion. Frau Sommer hat sich überlegt, die Mutter anzurufen, um endlich eine

Klärung herbeizuführen. Die schwebende Situation macht sie unruhig.

Sollte die Mutter am Telefon abwehrend reagieren, möchte Frau Sommer ihr einen abschließenden Brief schreiben mit der Information, daß sie im Pflegefall für sie da ist und weiterhin alle zwei Jahre in der Sommerzeit, allerdings unter Bedingungen, die mit ihr abgesprochen werden müssen.

Ansonsten geht es ihr gut.

5.3.92

Frau Sommer hat sich anders entschieden. Sie möchte nicht mehr auf die Mutter zugehen, allenfalls noch einmal, wenn es um die Klärung des Sommerurlaubs geht. Sie möchte an ihrem inneren Prozeß weiterarbeiten und hat sich die Fallangst als Thema vorgenommen.

Wir arbeiten auf der Matte daran. Wenn sie sich vorstellt, aus der luftigen Höhe ihres Traums zu fallen, landet sie weich, auf Haut oder auf einem Gummiball. Sie erinnert sich an den Beginn der Fallangst: Es war, als sie laufen lernte und der orale Mißbrauch stattfand. Sie durchlebt den Mißbrauch noch einmal auf der Matte und spaltet dabei ihren Oberkörper ab. Sie packt ihn in Watte und betäubt ihr Gefühl. Kopf und Gefühl spaltet sie ebenfalls, um mit dem Kopf die Kontrolle über die Situation zu behalten. Damit zeigt sie zwei Spaltungen, die sehr häufig zur Abwehr von Gefühlen verwendet werden.

Viele Mädchen und Frauen spalten auf diese Weise ab, um den Mißbrauch überleben zu können. Sie versuchen, die gequälten Körperbereiche nicht mehr zu fühlen, um den zugefügten körperlichen und seelischen Schmerz nicht ertragen zu müssen. Manche stellen sich geistig neben sich oder erleben sich schwebend und beobachtend über der Situation. Auf diese Weise tun sie so, als geschehe es nicht ihnen, sondern jemand anderem. Dieser andere ist der Körper, zu dem die Verbindung dann anschließend nicht mehr vollständig hergestellt werden kann. Wenn eine Frau in der Therapie die zerschnittene Verbindung

wiederherstellen will, muß sie den Schmerz der Mißbrauchssituation spüren, den sie als Kind nicht zulassen konnte. Sie
weint dann in der Therapie, manchmal schreit sie und wehrt
sich. Dabei erlebt sie, daß das Fühlen in der Therapiesituation
als erwachsene Frau nicht mehr gefährlich ist. Real geschieht
ihr nichts, und sie spürt, daß sie sich heute im Gegensatz zu
früher wehren könnte.
Frau Sommer beseitigt mit ihrem Gefühl die Blockaden zwischen Oberkörper und Unterleib. Sie fühlt eine lebendige
Wärme in ihrem Körper fließen, den Rücken hoch, über den
Kopf hinweg und vorn wieder herunter. Am besten kann sie diesen verbindenden Energiestrom im Stehen spüren. Ich ermutige
sie, dieses Gefühl auch zu Hause oft entstehen zu lassen, denn
dieser Energiefluß überwindet die körperlichen und seelischen
Spaltungen und wirkt heilend.

12.3.92

Heute arbeiten wir auf Frau Sommers Wunsch am Thema Sexualität weiter. Auf der Matte liegend, verspürt sie eine Unruhe
in ihrem Bauch und hat das Gefühl, neben sich zu stehen. Auch
dieses Gefühl ist im Laufalter entstanden. Sie beginnt zu weinen: Sie sieht die Mutter innerlich vor sich und spürt ganz intensiv, daß sie mit ihren furchtbaren Erlebnissen als Kind nicht zur
Mutter hätte gehen können. Sie hätte ihr nicht geglaubt und sie
damit allein gelassen. Es ist dieses tiefe innere Wissen, zu dem
man manchmal einen Zugang findet. Tief im Inneren ist alles
klar und deutlich erkennbar, es gibt keinen Zweifel mehr. Eine
Rückkehr in Unwissenheit oder Verdrängung ist dann nicht
mehr möglich.
Frau Sommer sieht ihre Mutter vor sich, wie sie wirklich war:
völlig unfähig, die Wahrheit zu ertragen, und bereit, ihr Kind
dafür im Stich zu lassen. Frau Sommer ist jetzt froh darüber, daß
sie der Mutter als Kind nichts von den sexuellen Mißbrauchserlebnissen erzählt hat, denn ihre Situation wäre dadurch tatsächlich noch schlimmer geworden. Sie kann den Schmerz und

die Trauer darüber zulassen und weint. Frau Sommer ist sich sicher, daß die Mutter sie auch heute im Stich lassen wird. Sie wird ihr nicht glauben, sondern den Bruder vorziehen, wie sie es schon immer getan hat. Er wird ihr, wie damals in der Kindheit, sagen, daß alles die Schuld seiner Schwester gewesen sei, und die Mutter wird ihm glauben – wie damals auch. Mutter und Bruder haben sich nicht geändert. Und Frau Sommer war schon als kleines Mädchen anders als die anderen Familienmitglieder, und sie ist es heute noch.

Sie ist froh, anders zu sein, und kann sogar etwas Stolz darüber empfinden, daß sie ihr Inneres trotz dieser zerstörerischen Familie gewahrt hat. Sie ist sie selbst geblieben, ehrlich, gerecht und mitfühlend.

Frau Sommer überlegt nun doch wieder, der Mutter einen Brief mit all ihren ehrlichen Gefühlen zu schreiben. Sie will aber ihren eigenen Geburtstag noch abwarten und sehen, ob die Mutter sich meldet. Neben der gewonnenen Klarheit steht noch ein Stückchen Angst um die Mutter, sie könnte nach dem letzten Brief einen Herzanfall erlitten haben und deshalb nicht antworten. So weit geht Frau Sommers Mitgefühl für die Mutter, die dieses Gefühl für die Tochter wahrscheinlich nie aufgebracht hat.

Ich empfehle ihr zu überlegen, ob sie die Telefonnummer der Mutter wählen will, um zu hören, ob diese ans Telefon geht. Dann weiß sie zumindest, daß die Mutter lebt. Ich bin mir nach der heutigen Stunde recht sicher, daß die Mutter ihr Leben weiterlebt, ohne sich um die Verletzungen ihrer nun erwachsenen Tochter zu kümmern.

Eigentlich wollten wir am Thema Sexualität arbeiten, doch Frau Sommers Körper und Seele haben sich mit dem Thema der Mutter auseinandergesetzt, das offensichtlich wichtiger war.

Die Auseinandersetzung mit meinem Vater

In einer Therapiestunde wird mir klar, daß mich mein Vater noch sehr belastet. Es ist mir nicht bewußt, ich merke es aber an den aufsteigenden Tränen, wenn von ihm die Rede ist. Ich will mich nicht mit ihm auseinandersetzen müssen. Ich glaubte, mit ihm fertig zu sein. Die Therapeutin hakt nach, und sie merkt, daß es wohl doch nicht so ist. Zu sehr ist meine Seele verwundet worden durch sein Mißtrauen, seine Schikanen, seine Demütigungen und Schläge. Für mich war nur klar, daß ich nie so einen Menschen wie ihn um mich haben wollte. Es reichte mir, was ich gelegentlich aus der Ferne noch mitbekam. Wenn er, um ein Beispiel zu nennen, seiner Erregung nicht Herr wurde und auf ein fremdes Kind einschlug, dann aber kaum die Angst vor einer Anzeige verbergen konnte, als die Eltern des Kindes damit drohten.

Wir waren uns innerlich nie nah. Bestimmt ließ ich ihn auch nicht nah an mich herankommen. Im Gespräch begreife ich, daß mein Vater für mich eigentlich schon gestorben ist, als ich noch sehr klein war. Auf seiner Beerdigung weinte ich um viele Jahre fehlender Vaterliebe.

In dieser Stunde hat es mich arg erwischt. Es fällt mir schwer zu beschreiben, was in mir vorgeht, als ich am Ende den Arbeitsraum verlasse. Ich kann es nicht, mir fehlen die Worte dafür.

Im Auto fahre ich ein paar Meter weiter und versuche mich zu sammeln. Aus einzelnen Tränen wird ein reißender Bach. Statt zu meiner Schwiegermutter, wie verabredet, fahre ich zum Schloßsee. Dort parke ich mein Fahrzeug an einsamer Stelle und lasse den Tränen freien Lauf. Verwundert nehme ich wahr, daß mein ganzer Oberkörper vom Weinen durchgerüttelt wird. Es dauert relativ lange, bis alle Taschentuchreserven verbraucht sind. Danach, mit etwas Verspätung, erledige ich mein Tagespensum. Seitdem habe ich keine Träne mehr vergießen müssen, wenn es um meinen Vater ging.

Wir haben Frühling, und die Pollen fliegen. Ich laufe seit kurzem wieder mit verquollenem Gesicht herum. Ich liebe diesen Anblick, wenn ich in den Spiegel schaue. Er macht mich nicht hübscher. Auffällig sind die schweren Migräneattacken, die erneut einsetzen. Sie ziehen sich über mehrere Tage hin.

Meine Mutter hat noch immer keine Position bezogen, läßt überhaupt nichts von sich hören. Das macht mich fertig. Ich schaffe es noch nicht, meine Mutter so zu sehen, wie sie ist.

Was ich lange nicht mehr praktiziert habe, schaffe ich in dieser Zeit noch einmal. Wenn mein Schmerzmittel nicht hilft und der Kopfschmerz besonders schlimm ist, habe ich das deutliche Gefühl, neben mir zu stehen. Ich bin dem Schmerz dann nicht mehr so hilflos ausgeliefert.

Auch die Pollenallergie verschlimmert sich in diesem Jahr.

Eine anständige Familie

Ich weiß, daß mein gegenwärtiger schlechter Gesundheitszustand mit meiner Mutter zusammenhängt. Aber wie soll ich mich verhalten, wenn sie nicht bereit ist, mit mir zu reden. Die Spannung in mir ist unerträglich, ich werde sie nicht los.

Auf einem Abendspaziergang, den wir mit unserem Hund machen, spreche ich mit meinem Mann das weitere Vorgehen ab. Wir wollen meinen Geburtstag abwarten und uns dann wieder mit einem Brief bei ihr melden. Noch einen Versuch starten.

In der Therapie habe ich mich schon darauf vorbereitet, aber als es geschieht, haut es mich glatt um: Einen Tag vor meinem Geburtstag kommt ein Glückwunsch von meiner Mutter. Sie ignoriert ganz einfach meinen letzten Brief. Das ist ihre Art von Problembewältigung. Zwei oder drei nichtssagende Sätze, der übliche Schmus. Was mich am meisten erbost, ist der beigefügte Scheck über einhundert Mark. Nichts ist anders als all die Jahre davor. Mich trifft es schwer, ich kann es nicht begreifen. Auch diesmal hat sie sich nicht zu ihrer Urlaubsbetreuung geäußert. Der Ferientermin naht, und wir müssen planen.

Da ich mir nun doch vorstellen kann, daß meine Mutter von dem sexuellen Mißbrauch etwas gewußt hat, suche ich nach einer Möglichkeit, vielleicht noch etwas mehr aus ihr herauszubekommen. Ich muß wissen, wie sie dazu steht.

Ein paar Tage später danke ich ihr für ihren Geburtstagsbrief und den beigelegten Scheck. Ich habe seinen Gegenwert unter meinen Kindern aufgeteilt. Sie haben sich darüber gefreut.

Ich bitte sie noch einmal, sich für den Sommer zu entscheiden, einen meiner vielen Vorschläge anzunehmen, damit wir unsere Planung machen können. Und ich frage nach, warum sie auf meinen letzten Brief nicht reagiert hat. Ich hätte mit ihrer schriftlichen Stellungnahme oder einem Telefonanruf gerechnet. Eventuell sogar mit einem Wort des Mitgefühls oder ihrer Anteilnahme. Auch daß sich mir nun die Frage aufdrängt, ob und wieviel sie gewußt hat. Und wenn ja, träfe sie als Mutter wenigstens eine Mitschuld daran, daß es mir all die Jahre so schlecht ging. Ich bitte sie, mit mir einen Weg zu finden, wie wir weiterhin miteinander verkehren können.

Nun habe ich Antwort erhalten. Achteinhalb Wochen nachdem ich jeden Tag mit Herzklopfen in den Briefkasten geschaut und bei jedem Telefonanruf gehofft hatte, daß sich meine Mutter meldet. Der Brief, den ich nun in der Hand halte, hilft mir endgültig dabei, sie richtig einzuschätzen. Erst ist mir schlecht, und ich bekomme weiche Knie, dann werde ich wütend.

Zwei Briefseiten, aus denen in jedem Satz die Absprache mit meinem Bruder hervorblitzt. Viele Dinge, die mich betreffen, sind bewußt falsch ausgelegt. Eine besondere Stärke meines Bruders, Wahrheiten für sich zurechtzubiegen.

Meine Mutter genießt beim Schreiben den Blick auf die schöne Landschaft vor ihrem Haus. In ihr sei Ruhe und Frieden und aus diesem Gefühl heraus schreibe sie. Dann geht es los.

Es stehen zwar viele schlimme Dinge drin, die erwähnenswert wären, aber am meisten getroffen hat sie, daß ich ihren Scheck nicht angenommen habe. Sie wolle in Zukunft das Geld caritativen Zwecken zuführen, ihre Enkelkinder wären ihr allerdings lieber. Es wäre meine Entscheidung.

Meine Beschuldigungen wären so unglaublich, und sie wäre die einzige, die die Wahrheit kennt.

Indem ich ihr geschrieben habe, hätte ich die Abmachung umgangen, die ich mit meinem Bruder getroffen hätte, sie aus allem herauszuhalten. Als Krankenschwester müßte ich doch wissen, daß man mit alten Menschen in so einem Ton nicht umgehen soll.

Meinem Bruder würde ich die Täterrolle zuschreiben und meiner Mutter die Mitschuld. Was da noch wäre? Was ich meinen würde, was mein Vater zu den Anschuldigungen sagen würde.

Der sexuelle Mißbrauch, den ich meiner Großmutter anlaste, würde auch nicht stimmen. Sie hätte auch Migräne und Depressionen gehabt. Ich wäre nie von ihr bedrängt worden. Es hätte gar nicht in ihrem Wesen gelegen, sie wäre gefühlskalt gewesen. (Für was hält meine Mutter den sexuellen Mißbrauch? Etwa für einen besonderen Liebesbeweis?) Als wir in der Therapie darüber sprechen, werde ich darauf gestoßen. Sind nicht gerade die, die Kinder mißbrauchen, gefühlskalt? Es kann doch etwas mit ihren Gefühlen nicht stimmen, wenn sie sich an Wehrlosen vergreifen.

Dann steht da noch wörtlich: »Wir waren immer eine anständige Familie und sind es noch. Wach endlich auf. Denk mal nach und beschuldige nicht immer andere, wenn Du mit Dir selbst nicht zurechtkommst.« Zum Schluß dankt sie mir noch für meine Betreuungsangebote. Sie hätten eine andere Möglichkeit gefunden, damit sie rund um die Uhr versorgt wird, und sie befiehlt mich Gott.

Da sie mir ganz deutlich ihre Ablehnung zeigt, mich nicht sehen will und mich für unglaubwürdig hält, lasse ich ihr ihre Ruhe und ihren Frieden.

Dieses Chaos in meinem Leben muß endlich ein Ende haben, und so distanziere ich mich auch innerlich von meiner Mutter. Von meinem Bruder habe ich es schon lange getan.

26.3.92

Frau Sommer hatte wieder Migräne, die nach ihrem Geburtstag allmählich nachgelassen hat. Die Mutter und die Schwägerin haben ihre üblichen Grußkarten geschrieben, als habe es nie Probleme gegeben. Frau Sommer versteht dieses Verhalten der Mutter nicht, könnte und wollte selbst niemals so sein.

Sie hat zwischenzeitlich tatsächlich bei der Mutter angerufen und wieder aufgelegt, als diese sich meldete. Die Stimme der Mutter war stark und hart wie immer. Frau Sommers Sorge und Angst waren offenbar völlig unbegründet. So unberührt wie die Mutter von Frau Sommers Brief zu sein scheint, kann sie ihr nun auch eine Konfrontation zumuten. Sie hat der Mutter einen Brief geschrieben und die vorläufige Fassung davon mitgebracht.

Wir gehen ihn gemeinsam durch, und ich ermutige Frau Sommer, ihre Gefühle deutlicher anzusprechen und die Mutter durchaus mit ihrem Versagen in der Verantwortung der Tochter gegenüber zu konfrontieren.

2.4.92

Auch auf diesen Brief hat die Mutter bisher nicht reagiert. Wir sprechen nur kurz darüber. Frau Sommer kann damit umgehen. Sie läßt die Möglichkeit noch offen, daß die Mutter Zeit braucht, um zu antworten.

Frau Sommer wurde von ihrer ehemaligen Arbeitsstelle gebeten, gelegentlich als Vertretung dort zu arbeiten. Sie hat aus ihrem Gefühl heraus entschieden und abgelehnt. Wir sehen uns ihre Gefühle genauer an: Sie hat sich gegen die Vertretung entschieden, weil sie mit ihrer ehemaligen Chefin nicht mehr zusammenarbeiten möchte. Diese ist in ihrem Machtverhalten ähnlich wie der Bruder. Solche Menschen möchte sie nicht mehr um sich haben. Ich ermutige sie, in dieser Weise weiter ihren Gefühlen zu vertrauen.

Sie fragt sich, warum Frauen ebenfalls Machtverhalten zeigen. Wir sprechen über die beiden Möglichkeiten, wie man mit erlebter Gewalt umgehen kann, wenn man sie nicht sofort verarbeitet: Man kann sie ausagieren oder gegen sich selbst richten. Frauen neigen infolge ihrer Erziehung zu freundlichem und angepaßtem Verhalten eher dazu, Aggressionen gegen sich selbst zu richten. Männer agieren häufiger aus und laden ihre Aggressionen bei anderen ab, da das aggressive Verhalten bei Jungen toleriert oder sogar gefördert wird.

Die ehemalige Chefin agiert ihre Aggressionen ebenso aus wie Frau Sommers Bruder. Frau Sommer kennt ein solches Verhalten auch von sich selbst: Früher hat sie ihre Wut manchmal an der Tochter abreagiert. Als es ihr bewußt wurde, hat sie es abgestellt.

23.4.92

Frau Sommer hat einen Antwortbrief der Mutter erhalten. Dies zeigt zunächst, daß sie die Mutter in ihrem Gefühl erreichen konnte, denn die Mutter verhält sich nicht mehr so, als wäre nichts. Sie mußte immerhin reagieren. Aber inhaltlich wehrt die

Mutter alles ab, wie Frau Sommer und auch ich es eigentlich erwartet haben. Sie bezeichnet Frau Sommer als Lügnerin und mich als schlechte Therapeutin.

Frau Sommer müßte über viele Seiten hinweg antworten, sagt sie, will es aber nicht. Sie weint nun doch. Es läßt sie doch nicht unberührt, wie die Mutter sich verhält. Zweifel an ihr selbst tauchen wieder auf.

Ich empfehle ihr, der Mutter den seitenlangen Brief zu schreiben, um ihre Gefühle zum Ausdruck zu bringen. Sie kann den Brief nur für sich selbst schreiben, ohne ihn jemals abzuschicken. Ich biete ihr an, eine kurze Stellungnahme aus therapeutischer Sicht dazu zu verfassen, wie ihre Migräne und ihre sonstigen Beschwerden mit den sexuellen Mißbrauchserfahrungen und der gesamten Kindheitssituation zusammenhängen. Vielleicht hilft es ihr, wenn sie schwarz auf weiß vor sich sieht, daß sie ein Opfer sexueller Gewalt ist, an Folgeerscheinungen leidet und keinesfalls lügt.

30.4.92

Frau Sommer hat keinen Brief an die Mutter geschrieben, wohl aber alle Gedanken und Gefühle notiert. Damit hat sie alles für sich verarbeitet. Die Stellungnahme aus therapeutischer Sicht möchte sie dennoch gern haben.

Wir sprechen noch einmal darüber, daß sie ihren Erinnerungen und Gefühlen vertrauen kann. Frau Sommer meint, sie sei noch nie phantasievoll gewesen – warum sollte sie es nun plötzlich sein und sich Mißbrauchserfahrungen ausdenken?

Sie überlegt, wie sie weiter mit der Mutter umgehen kann. Ihre Haltung zur Mutter und zum Bruder wird immer realistischer und damit distanzierter. Sie fühlt sich der Mutter gegenüber weniger verpflichtet, denn die Mutter hat sich nie um die Tochter gekümmert und hätte sie auch nicht gegen den sexuellen Mißbrauch geschützt, selbst wenn sie davon gewußt hätte. Vielleicht hat sie sogar etwas gewußt oder geahnt, das läßt sich nicht mehr feststellen.

Frau Sommers Selbstbewußtsein wächst. Sie kann jetzt nachts flach schlafen. Bisher bekam sie dann Migräne, und ihr wurde übel. Sie hat überlegt, daß das Liegen sie an den Mißbrauch erinnert haben könnte und deshalb Migräne und Übelkeit ausgelöst hat. Ich bestärke sie in ihrem Gefühl zu derartigen Zusammenhängen. Sie selbst kann dies am besten beurteilen, sobald sie ihr Gefühl zuläßt und den aufsteigenden Erinnerungen vertraut. So weit ist Frau Sommer inzwischen gekommen: Sie glaubt sich selbst. Die Konfrontation mit dem Bruder und mit der Mutter war anstrengend und schmerzhaft, aber Frau Sommer ist daran gewachsen und stark geworden. Man kann ihr nichts mehr einreden oder sie grundlegend einschüchtern. Sie spürt Machtstrukturen jetzt bewußt und hat sich dagegen wehren gelernt.

Vom Wächter und der Höhle

Am Anfang der Behandlung hat mir meine Therapeutin eine Geschichte erzählt, an die ich oft denken muß: Es gibt den Wächter, der vor einer Höhle sitzt, in der tief drinnen alle Erinnerungen sind. Wenn diese aus irgendeinem Grunde heraus wollen, rollt der Wächter einen riesigen Stein vor den Eingang. Der große Stein besteht bei mir aus der Migräne und der Depression. Der Wächter hat Jahrzehnte gut aufgepaßt und hart gearbeitet. Nun braucht er den Stein nicht mehr vor den Eingang der Höhle zu rollen. Er kann sich ausruhen.

In einer stillen Stunde beschäftige ich mich noch einmal mit dem letzten Brief meiner Mutter. Jeden Punkt, den sie gegen mich anführt, könnte ich widerlegen. Sie würde es einsehen. Dazu müßte sie aber bereit sein, mich verstehen zu wollen, und viele Informationen zum Thema bekommen.

Ihre Art, zu verdrängen, durchschaue ich und akzeptiere sie nun, denn sie müßte sonst ihr bisheriges Leben in Frage stellen. Es hört sich paradox an, trotz der anfänglichen Enttäuschung bringt der Brief schließlich die große Erleichterung für mich. Ich weiß endlich, wie meine Mutter zu mir steht. Seither mache ich gesundheitlich große Fortschritte, und die Migräne taucht auffallend selten und dann nur kurz auf. Im Gegensatz zu früher bleibt sie nicht mehr über Tage. Wenn sie in Erscheinung tritt, hat sie immer den gleichen Auslöser. Ich habe gelernt, ihn wie ein Detektiv aufzuspüren. Es hat jedesmal mit Gewalt zu tun, egal in welcher Form.

Die Probleme, die mich beunruhigen, sehe ich viel eher, seitdem ich sie benennen kann. Nicht mehr aufgetaucht sind: Depressionen, die quälenden Selbstmordgedanken, Übelkeit, viele Unsicherheiten, Ängste und Alpträume. Neu ist in meinem Leben, daß ich keine Denkblockaden und auch kein Gefühl der Resignation mehr habe.

In der Zeit meiner Psychotherapie hat mich meine Therapeutin sicher begleitet, mich in unseren Gesprächen sehr genau beobachtet, und indem ich über das, was sie sagte, nachdachte, wurden mir wichtige Zusammenhänge bewußt. Oft erst zu Hause, manchmal noch nach Tagen.

Auch in der Zeit, als ich mich widerspruchslos gefügt habe, war ich meiner Herkunftsfamilie völlig gleichgültig. Ihre Lebensart ist eine andere. Wir haben unterschiedliche Wertvorstellungen. Ich habe nicht ihrer Norm entsprochen. Nachdem ich gewagt habe, mit einer Psychotherapie Ursachenforschung in meinem Leben zu betreiben, habe ich massive Ablehnung erfahren und bin als Lügnerin abgestempelt worden. Diese Einsicht hat mich wachgerüttelt und den Bruch so vollkommen werden lassen, daß nur noch zu Festtagen nichtssagende Grußkarten ausgetauscht werden. Diese Verbindung möchte ich meiner Mutter noch offenhalten, damit sie sich im Notfall an mich wenden kann. Aber auch diese Bereitschaft nimmt bei mir immer mehr ab.

In der Therapie stelle ich mir zahlreiche Fragen, deren Antworten mir bis heute fehlen.

So machte mein Vater vor seinem Tode vor meinem Mann und mir eine Andeutung, die wir damals beide nicht verstanden, die aber heute eine besondere Bedeutung bekommen hat. Es gebe in seinen Akten Unterlagen, die wir nach seinem Tode einsehen könnten. Er wolle nicht zu seinen Lebzeiten darüber sprechen. Es schien etwas zu sein, das ihn sehr belastete. Nach der Auseinandersetzung mit meinem Bruder und meiner Mutter werde ich diese Akten bestimmt nicht mehr in die Hände bekommen.

Dann ist da noch eine Tante. Es ist die einzige Schwester meines Vaters, an die ich mich nur noch schwach erinnere. Sie kam in den fünfziger Jahren mit ihrem Mann und einem kleinen Spitz aus Frankreich und wohnte einige Wochen bei uns. Sie waren auf der Suche nach einer eigenen Wohnung. Meine Tante muß ein bewegtes Leben gehabt haben, nach dem, was alles von ihr erzählt wurde. Sie hat anscheinend damals schon alles getan, was man noch heute nur hinter vorgehaltener Hand und ganz im Vertrauen weitererzählt. Ich habe deshalb die Vermutung, daß auch sie mißbraucht worden ist.

Welchen Grund hatte es, daß sie dann mit ihrem Mann über Jahrzehnte in der gleichen Stadt wie meine Eltern lebte, sie sich aber aus dem Wege gingen? Seit unserer Flucht in den Westen 1952 waren auch die Kontakte zu meinen Großeltern abgerissen. An einen einzigen Besuch später kann ich mich noch erinnern, Anlaß war meine Konfirmation. Obwohl auch sie nun in der gleichen Stadt lebten und starben, sahen wir uns nicht mehr. Auf meine häufigen Nachfragen habe ich vermutlich nie ehrliche, nur ausweichende, aber keine für mich befriedigenden Antworten erhalten.

Ich sehe ja jetzt, daß sich bei mir alles noch einmal wiederholt. Heute bin ich es, die wie eine heiße Kartoffel fallengelassen und abgelehnt wird.

In meiner Herkunftsfamilie war man dazu angehalten, nichts nach draußen zu tragen. Ebenso wurde eine gesunde Neugier unterbunden, man hatte sich nicht um andere und deren Leben zu kümmern.

Im Hinblick auf meine Erfahrungen mit sexuellem Mißbrauch hätte ich noch eine lange Liste mit Fragen, deren Beantwortung mich brennend interessieren würde. Mir ist klar, eine ehrliche Antwort werde ich nie bekommen.

Für mich war zu Beginn der Therapie ein wichtiger Schlüssel zum Verstehen die Information, daß es sein kann, daß Inzest oder sexueller Mißbrauch innerhalb der Familien von einer Generation an die andere weitergegeben wird. Täter, egal ob Männer oder Frauen, waren vermutlich in ihrer Kindheit selbst Opfer von psychischem, physischem oder sexuellem Mißbrauch. Diese Erfahrungen – auch wenn die Betroffenen keine bewußte Erinnerung daran haben – wiederholen sie eventuell später, weil sie das Erlebte nicht verarbeitet haben. Diese Erkenntnis half mir, meinen Leidensweg und den anderer Frauen zu verstehen. Daß ich es geschafft habe, diesen Teufelskreis zu durchbrechen, erfüllt mich mit Freude und Zuversicht.

In einer anderen Therapiestunde versuchen wir, uns mit meiner Sexualität zu befassen.

Auf einer Matratze liegend, spüre ich erschreckend deutlich eine Blockade in beiden Leistenbeugen. Die Energie scheint dort nicht weiterzufließen. Ich komme mir vor wie eine dieser Stoffpuppen mit unter dem Bauch abgenähten Beinen.

Die Beziehung, die ich zur Sexualität habe, ist sehr problematisch. Wie mit inneren, unsichtbaren Fühlern erkenne ich sehr schnell, ob ich nur zur Bedürfnisbefriedigung benutzt werden soll und somit zum Objekt degradiert werde. Dann fühle ich mich leer und hohl. Eine automatische Schranke schließt sich. Diese Schranke läßt sich mit Alkohol öffnen. Ich kann dann mit meinem Partner normale Sexualität erleben und auch Lust dabei empfinden. Der Haken an der Sache ist, daß ich nach dem Konsum von Alkohol am nächsten Morgen gewöhnlich mit einer starken Migräneattacke zu rechnen habe. Wenn ich das bedenke, ist mir der Preis, den ich dafür zu zahlen habe, einfach zu hoch. Auch wenn ich mich wohl fühle, Vertrauen habe und Nähe zulassen kann, ist es selten ganz einfach.

Kindergräber

Eines Tages habe ich ein Erlebnis, das mich sehr aufwühlt.
Mein Sohn absolviert sein Berufspraktikum beim Bundesgrenz-
schutz. Als der Autofahrer, der seine Mitschüler morgens mit-
nehmen wollte, wegen eines Trauerfalles für ein paar Tage aus-
fällt, springe ich ein. Wir haben unseren Hund mitgenommen.
Auf der Rückfahrt halte ich an und nutze die Gelegenheit, eine
Runde mit ihm zu laufen. Der Zufall will es, daß ich auf dem
Parkplatz unseres Friedhofes angehalten habe. Ich hatte mir
schon öfter vorgenommen, ihn mir anzusehen. Die Gelegenheit
ist da, der Hund bleibt im Auto, und ich gehe auf Entdeckungs-
tour. Ich laufe einfach los, ohne ein Ziel. Da es sehr früh am
Morgen ist, sind außer ein paar Friedhofsbediensteten, die an
den Gräbern und an den Wegen ihrer Arbeit nachgehen, keine
Menschen zu sehen. Die besondere Atmosphäre der Friedhöfe
nimmt mich immer gefangen. Sie sind für mich Plätze der Ruhe
und des Friedens.
Es wundert mich nicht, als ich bemerke, daß ich wieder einmal,
wie sooft, auf dem Teil des Friedhofes angelangt bin, der für die
Jüngsten, die Kinder bestimmt ist. Der Platz, auf dem die Gräber
der Kleinsten liegen, läßt mich erschauern. Er wirkt so ungepflegt
und kahl. Wer ist zuständig dafür? Auf diesem Hügel wirken die
kleinen Grabstellen so verloren. Keine schützende Hecke, der
Wind pfeift darüber.
Ich gehe die Reihen entlang, jeder Grabstein erzählt seine eigene
Tragödie. Die Tränen kommen, und ich weine um jedes einzelne
Schicksal. Manche sind nur ein paar Tage, viele nur ein paar Mo-
nate und wieder andere wenige Jahre alt geworden. Einige der
Kindergräber sind liebevoll gepflegt, andere längst vergessen. Ein
Grab fällt mir auf. Seine Bepflanzung mit Blumen wirkt liebevoll,
es ist ganz in Blau und Weiß gehalten. Ein Strauß blau-weißer
Schnittblumen mit einer blauen Schleife in einer Grabvase rundet
das Bild ab. Welche Unterschiede!

Ich entdecke Namen von Kindern, die ich persönlich kannte. Andere Gräber tragen Jahreszahlen, in denen meine eigenen Kinder geboren sind. Mir ist das Schicksal der Mütter, die um diese Kinder trauern, erspart geblieben, und ich danke Gott dafür.

Ein Mann, eine grüne Plastikgießkanne in der Hand, kommt mir entgegen. Er grüßt freundlich, ich kann nur nicken. Meine Stimme versagt.

Seit diesem Erlebnis habe ich nie mehr den Zwang verspürt, mir Friedhöfe ansehen zu müssen.

30.4.92

An einem Tag der vergangenen Woche war Frau Sommer auf einem Friedhof. Wie immer bei solchen Besuchen fand sie sich schon bald auf dem Kinderfriedhof wieder, den sie als sehr lieblos und ungeschützt empfand. Sie mußte beim Anblick der kleinen Gräber weinen, sie weinte um die toten Kinder und deren nicht gelebtes Leben.

Wir arbeiten heraus, daß sie dabei auch um sich und ihr bisheriges Leben geweint hat, um die Kindheit, die sie nie hatte und in der es niemanden gab, der sich für sie interessierte. Die Mutter kümmerte sich nicht, der Vater war gewalttätig, die Oma und der Bruder mißbrauchten sie sexuell. Sie hat auch um all die Jahre nach der Kindheit geweint, in denen es ihr fast nur schlecht ging und in denen sie nicht so leben konnte, wie sie es gern gewollt hätte.

Frau Sommer fühlt, daß auch der Tod sie mit den Kindern in den Gräbern verbindet. In der Zeit des Mißbrauchs durch den Bruder hat sie oft an den Tod gedacht und ihn als Ausweg aus ihrem hoffnungslosen Dasein gesehen. Sie wußte als Kind nur nicht so recht, wie sie hätte sterben sollen. Vielleicht hielt ihr starker Wille sie außerdem aufrecht und das Gefühl tief in ihrem Inneren, daß sie mit ihren Empfindungen und Wahrnehmungen recht hatte.

Mit dem Weinen um die toten Kinder hat Frau Sommer um vieles getrauert, was sie in ihrem Leben nicht hatte. Das Weinen und Trauern hat ihr dabei geholfen, den Verlust und das nie Dagewesene zu akzeptieren und so zu verarbeiten.

Der unerwartete Briefwechsel

Der Brief, den ich Anfang Mai erhalte, versetzt mich in Erstaunen. Das Schreiben ist, sicherlich wegen des Streiks bei der Post, acht Tage unterwegs.

Die Frau meines Bruders nimmt Kontakt zu mir auf. Meine Freude ist groß, denn aus dieser Ecke habe ich nur Vorwürfe und Zurechtweisungen erwartet. Ich habe mich getäuscht. Den aufkeimenden Verdacht, mein Bruder benutze sie als Informationsquelle, schiebe ich bald zur Seite. Der Brief zeigt echte Betroffenheit und Verständnis für meine Lage. Die Schwierigkeit ist nur, ich weiß nicht, wieviel sie weiß. Was hat ihr mein Bruder erzählt? Sie schreibt, daß sie sich mit entsprechender Literatur befaßt, um die Konflikte besser verstehen zu können.

Da ich in Gesprächen mit meiner Therapeutin immer wieder auf die Verantwortung stoße, die ich meiner Nichte gegenüber habe, schicke ich meiner Schwägerin den Erfahrungsbericht einer Mutter zum Thema des sexuellen Mißbrauchs.

Ein paar Briefe gehen hin und her, aber ich habe den deutlichen Eindruck, sie kann nicht ausdrücken, was sie auf dem Herzen hat. Bedauerlicherweise habe ich nicht die Fähigkeit, zwischen den Zeilen zu lesen. Auch ihr gegenüber sind meine Mutter und mein Bruder nicht bereit, sich auseinanderzusetzen. Einem Brief entnehme ich, daß sie mich als »krank« abstempeln. So einfach ist das für sie. Aber Torpedos aus diesem Lager treffen mich nicht mehr im Zentrum meiner Seele. Es verletzt mich nicht mehr.

Mein Verhältnis zu meiner Schwägerin bleibt herzlich, aber eine Distanz von sechshundert Kilometern und die Umstände verhindern eine persönliche Aussprache. Ich rechne ihr ihre Bemühungen sehr hoch an, und sie steigt in meiner Achtung. Aber auch sie schafft es nicht, zwischen uns zu vermitteln. Ich schreibe ihr, daß von meiner Seite ohne eine Akzeptanz der Vergangenheit die Kommunikation zwischen mir, ihrem Mann und meiner Mutter auf das Notwendigste beschränkt bleibt.

Inzwischen ist es Sommer geworden. Die Urlaubszeit beginnt. Unsere Tochter hat ihren Urlaub schon hinter sich. Wunderschöne Bilder hat sie aus Griechenland mitgebracht. Aber kurz nach ihrer Rückkehr hat sie sich mit dem Pfeifferschen Drüsenfieber infiziert, einer Virusinfektion mit starken Halsschmerzen und Fieber. Lange Zeit geht es ihr schlecht, sie kann kaum schlucken und muß flüssige Nahrung zu sich nehmen. Eine Freundin sorgt sich rührend um sie.

Unser Sohn macht unterdessen eine Interrailtour mit seiner Freundin. Sie übernachten in Jugendherbergen. Fahren so in vierzehn Tagen mal eben über Brüssel, Paris, Mailand und München. Die Reise ist anstrengend, aber sie haben auch sehr viel Spaß und meistern alles mit Bravour.

Mein Mann und ich haben uns vor geraumer Zeit eine Erkältung eingefangen. Das Schlimmste daran sind die starken Hustenanfälle. Wir liegen ein paar Tage flach. Unserer Tochter geht es allmählich besser, ihre Lebensgeister kehren zurück.

Als unser Sohn zurückkommt, machen wir uns auf. Noch etwas schlapp von der Krankheit, fahren wir in einem winzigen, gemieteten Wohnmobil für zehn Tage in Richtung Bayerischer Wald. Wir müssen ein paar Tage aus dem täglichen Trott heraus. Ein wenig ausspannen und wieder zu Kräften kommen. Leider haben wir die heißeste Zeit des Jahres erwischt. So sind wir froh, als wir wieder heil und gesund zu Hause sind. Selbst unser Hund freut sich, denn er hat wegen seines Alters in der Hitze die größten Probleme.

7.5.92

Ganz überraschend hat Frau Sommer einen Brief von der Schwägerin bekommen. Diese hat ganz eindeutig geschrieben, daß sie den Kontakt zu Frau Sommer nicht abbrechen möchte, den Hintergrund dazu aber nicht näher erläutert. Sie hat geschrieben, daß sie sich in der letzten Zeit mit Büchern zu »diesem Thema« befaßt, um mehr verstehen zu können. Frau Sommer weiß nun nicht, wieviel die Schwägerin weiß und wie sie mit konkreten Informationen umgehen würde. Sie hatte nie einen rechten Draht zu der Frau und kann mit ihrer indirekten Art nicht umgehen.

Wir überlegen gemeinsam, daß es hilfreich wäre, mehr von der Schwägerin zu erfahren, um besser einschätzen zu können, wieviel sie von allem wirklich weiß und ob sie einen Verdacht oder gar Wissen in bezug auf ihre eigene Tochter hat. Viele Varianten sind denkbar, und Frau Sommer möchte vorsichtig sein. Sie möchte dem Bruder keine neue Angriffsfläche bieten, die er vielleicht bekäme, wenn die Schwägerin ihm vom Inhalt des Briefwechsels berichten würde.

Es freut mich, daß Frau Sommer nicht in ihrer üblichen Weise freundlich mit dieser Situation umgeht, sondern sorgsam und vorsichtig. Sie bemüht sich, gut auf sich aufzupassen.

Sie ist überrascht, wieviel sie mit ihrer eigenen Aktivität in Bewegung gebracht hat. Angst hat sie inzwischen nicht mehr. Ihr Körper hat irritiert auf den Brief der Schwägerin reagiert, aber nicht mehr mit Migräne. Der Körper war auch zu Beginn der Stunde unruhig, wird aber im Laufe des Gesprächs immer ruhiger. Frau Sommer meint, er werde wieder ganz ruhig sein, wenn sie schriftlich oder telefonisch auf den Brief der Schwägerin reagiert hat.

14.5.92

Frau Sommer möchte an ihrer Haut arbeiten, die seit einiger Zeit wieder mit Ausschlag reagiert. Die Haut spannt an den Beinen und an den Füßen. Beim Versuch, mit der gewohnten Methode zu arbeiten und mit der Haut zu sprechen, zeigt diese sich unzugänglich.

Frau Sommer spürt am Übergang zwischen Oberschenkeln und Becken eine Sperre. Sie sieht eine Puppe vor sich, die an dieser Stelle abgenäht ist. Die Naht ist die Folge des sexuellen Mißbrauchs, sie wollte als Kind nichts spüren und hat im Gefühl und im Körper eine Spaltung zwischen Beinen und Rumpf durchgeführt. Auf meinen Vorschlag, die Naht allmählich zu weiten und dann aufzulösen, geht sie sofort ein und läßt Energie und Wärme vom Oberkörper in die Beine fließen. Die Haut entspannt sich ganz allmählich.

Es fasziniert mich immer wieder, welche Bilder die Frauen passend zu ihren Körperempfindungen vor sich sehen. Eine Puppe mit abgenähten Beinen als Symbol für Hilflosigkeit, ein Spielzeug, mit dem beliebig verfahren werden kann. Bei der Vorstellung, Beine wären abgenäht, sehe ich deutlich vor meinem inneren Auge, daß die Versorgung der Beine mit Blut nicht richtig funktionieren kann. Gleichzeitig kann sich vieles in den Beinen stauen, das sich nicht im ganzen Körper verteilen kann und daher die Haut um die Beine unter Spannung setzt.

Jede Frau sieht andere Bilder und Symbole vor sich. Ich stelle meine Fragen immer ähnlich und mit offenem Ausgang, und die Antworten der Frauen entsprechen ihren Lebensgeschichten und ihrem individuellen Erleben.

Die gesamte Haut reagiert auf die Fragen recht schwerfällig, vielleicht weil sie Medikamente nimmt, meint Frau Sommer. Sie hat die Phantasie, daß die Medikamente die Haut träge machen könnten. Vielleicht liegt es aber eher daran, daß die Haut sich in der Kindheit besonders dick machte, wie Frau Sommer es empfindet, um die zahlreichen unangenehmen und schmerzhaften Berührungen nicht so intensiv spüren zu müssen.

Frau Sommer fühlt, daß die Erkenntnis dieses Zusammenhangs sehr wichtig für sie ist. Sie glaubt, dies wird ihrer Haut Erleichterung verschaffen und weiterhelfen.

Frau Sommer hat der Schwägerin einen freundlichen Antwortbrief geschrieben, den sie recht allgemein gehalten hat. Dazu hat sie das Buch der Mutter gelegt, die den sexuellen Mißbrauch an ihrer Tochter aufdeckte – ein Wink mit dem Zaunpfahl, finde ich, indirekt, aber doch deutlich. Wenn die Schwägerin sich mit dem Thema in ihrer Familie auseinandersetzen will, hat sie auf diese Weise die Möglichkeit dazu. Sie kann das Buch aber ebenso als weiteres Buch zum Thema ansehen, ohne jegliche Verbindung zu sich selbst.

Frau Sommer ist freundlich auf die Bemühungen der Schwägerin eingegangen, ohne etwas von sich mitzuteilen, das der Bruder gegen sie verwenden könnte.

Die Schwägerin hat angerufen und sich für das Buch bedankt. Sie hat schon einige Bücher zum Thema des sexuellen Mißbrauchs gelesen. Frau Sommer findet es merkwürdig, daß die Schwägerin im selben Atemzug von ihrem Urlaub mit dem Mann erzählt. Es ist ohne nähere Informationen schwer nachvollziehbar, wie die Schwägerin sich mit sexuellem Mißbrauch in ihrer Familie auseinandersetzt und gleichzeitig in friedlicher Harmonie einen Urlaub mit ihrem Mann verbringen kann. Frau Sommer will in Ruhe abwarten, wie der Kontakt sich weiterentwickelt.

Frau Sommer hat eine Woche später wieder einen Brief von der Schwägerin bekommen, in dem diese nun direkt über sexuellen Mißbrauch schreibt. Ihre Darlegungen und Interpretationen klingen recht merkwürdig, und Frau Sommer möchte dieses Thema mit der Schwägerin nicht weiter behandeln.

Sie hat aber die Idee entwickelt, zu einer Tante in Verbindung zu treten, mit der die Eltern den Kontakt abgebrochen haben, ohne daß Frau Sommer den Grund kennen würde. Es interessiert sie, ob die Tante etwas über den sexuellen Mißbrauch in der Familie weiß. Vielleicht hat sie ähnliche Situationen erlebt, so daß darin ein Grund für die Trennung liegen könnte.

Ich spreche das Thema Sexualität an. Wir hatten schon einmal angefangen, daran zu arbeiten, die Arbeit dann aber aus aktuellen Gründen unterbrochen.

Frau Sommer ist nicht gerade begeistert. Sie hat das Thema also möglicherweise auch etwas vermieden. Einerseits spürt sie, daß es wichtig ist, andererseits ist es ihr unangenehm. Sexualität empfand sie nie als etwas Positives, sie könnte gut darauf verzichten, sagt sie.

Ich erzähle ihr etwas über positive Seiten der Sexualität, um ihr eine ungefähre Vorstellung zu ermöglichen, warum eine Arbeit am Thema Sexualität lohnenswert sein könnte. Frau Sommer kann sich nicht vorstellen, daß Sexualität lustvoll sein kann. Ihre Motivation zu diesem Thema besteht allenfalls darin, daß sie die Sexualität als einen Teil der Ehe ansieht und ihre eigene

Ablehnung immer als einen hinderlichen Faktor erlebt hat. Erleichterung in diesem für sie belastenden Bereich wäre etwas, das sie sich wünschen würde.

Sie muß für sich selbst entscheiden, ob sie an ihrer Sexualität arbeiten möchte. Es gibt viele mißbrauchte Frauen, die diesen Bereich nicht angehen wollen und beschließen, daß dieses Thema nicht zu ihrem Leben gehören soll. Andere Frauen erleben sexuelle Beziehungen zu Männern immer wieder als Erinnerung an den sexuellen Mißbrauch und wenden sich Frauen zu, deren Sexualität sie nicht als bedrohlich erleben. Dort können sie sich fallenlassen und ihre eigene sexuelle Lust entwickeln und entfalten. Ich kenne auch Frauen, die ihr Leben allein verbringen wollen. Sie wollen ihren Lebensraum und ihre Wohnung ganz allein bestimmen und ziehen das Gefühl völlig freier Entscheidung jeder Partnerschaft vor. Das Alleinsein gibt ihnen ein Gefühl von Raum und Sicherheit, gelegentliche Einsamkeitsgefühle nehmen sie dafür in Kauf. Kontakte finden in Form von Bekanntschaften und Freundschaften statt, aber ihren Lebensraum behält die Frau für sich allein.

Frau Sommer erinnert sich bei unserem Gespräch erneut an ihr Masturbieren als Kind, das zwanghaft war und das sie nicht beenden konnte. Sie meint, sie sei damals etwa vier Jahre alt gewesen. Die Eltern kümmerten sich nicht weiter darum. Eigentlich wäre es doch im Sinne einer Sorge um eigene Kinder notwendig gewesen, einen Arzt aufzusuchen, besonders wenn die Eltern meinten, es handele sich um Krämpfe.

Wieder einmal trifft Frau Sommer auf das Desinteresse ihrer Eltern. Seit ihrer Trauerarbeit kann sie ruhiger damit umgehen. Es tut ihr gut, immer mehr Erinnerungen im Zusammenhang zu sehen und zu verstehen.

25.6.92

Heute möchte Frau Sommer reflektieren, wodurch die Verbesserungen in ihrem Befinden entstanden sind. Wir sammeln

170

wichtige Elemente dazu: das Aufarbeiten der Kindheit und der Gewalterlebnisse und die Auseinandersetzung mit dem Bruder und der Mutter. Sie hat vieles verarbeitet, Zusammenhänge erkannt und Situationen neu gesehen, was ihr ermöglichte, sich anders zu verhalten. Ihr Leben ist angstfreier und selbstbestimmter geworden.

Frau Sommer möchte mehr über die Methode und die Wirkungsweise der körperorientierten Therapie wissen. Dieses Interesse ist auch ein Teil ihres Weges, ihr Leben zunehmend selbst in die Hand zu nehmen. Ich schildere ihr einige Zusammenhänge auf der theoretischen Ebene und auch die praktischen Umsetzungen in der Therapie. Wir sehen uns einige Therapiesitzungen und deren Ablauf an und differenzieren typische Abläufe mit entsprechenden Fragen und körperlichen Berührungen, die sie als unterstützend für die Bearbeitung des jeweiligen Inhalts empfand.

Frau Sommer erkennt, daß sie diese Methoden auch schon selbst angewandt hat, wenn sie zu Hause nach der Ursache einer Migräneattacke forschte. Sie spürt, wie sehr sie sich bereits selbst helfen kann. Lange wird sie mich zu ihrer Unterstützung nun nicht mehr brauchen, die Therapie geht allmählich ihrem Ende zu. Die meisten Puzzleteilchen sind sorgsam identifiziert und liegen an ihrem Platz im Bild. Vielleicht fehlen noch vereinzelte Teilchen, die wir uns im Verlauf der verbleibenden Sitzungen ansehen können oder die sie nach dem Ende der Therapie auch eigenständig zuordnen kann.

Frau Sommer meint, der körperorientierte Ansatz habe ihr beim Erkennen der Zusammenhänge zwischen ihren körperlichen Beschwerden und den seelischen Schädigungen sehr geholfen. Sie sagt, sie könne sich kaum vorstellen, daß ein ausschließlich verbaler Ansatz zu diesen tiefen Erkenntnissen hätte führen können.

Das entspricht auch meiner Erfahrung, besonders wenn die Schädigungen im Körper deutlich ihren Ausdruck finden. Es tut dem gequälten und geschändeten Körper gut, einfühlsame und liebevolle Beachtung und Verständnis für seine Reaktionen zu finden. Gerade weil viele mißbrauchte Frauen Körper und

171

Geist getrennt haben, um zu überleben, ist das Einbeziehen des Körpers wichtig, um wieder ein Gefühl zu diesem Teil ihrer selbst zu entwickeln.

9.7.92

Seit der letzten Sitzung hatte Frau Sommer zwei Situationen zu verarbeiten, was ihr schon völlig eigenständig gelang. Die Schwiegermutter hat einen Brief von Frau Sommers Mutter erhalten, in dem sie schreibt, daß sie sich einen Herzschrittmacher hat einsetzen lassen. Frau Sommer war einen Tag lang schockiert und hatte Angst, dies könnte eine Folge ihrer Auseinandersetzung mit der Mutter gewesen sein. Sie hat dann darüber nachgedacht: Sie hat von der Mutter nicht viel erwartet, nur das Bekenntnis, daß es ihr leid tat, was die Tochter als Kind ertragen mußte. Wenn die Mutter Frau Sommers Informationen auf Kosten ihres Herzens abgewehrt hat, muß sie die Verantwortung dafür selbst tragen. Frau Sommer hat an diesem Tag nicht mit Migräne reagiert. Sie hat alles auf eine konstruktive Weise verarbeitet, so daß eine Migräneattacke als Signal nicht mehr erforderlich war.
An einem anderen Tag hat eine Freundin angerufen und ihr von ihren Problemen berichtet. Danach kam ein Migräneanfall, den Frau Sommer als Signal deutete. Sie legte sich hin und horchte auf die ihr nun schon vertraute Weise in sich selbst hinein.
Eine Erinnerung tauchte auf: Nach dem Tod des Vaters hatte sie während eines Besuches bei der Mutter in deren Ehebett geschlafen und die Nacht über kein Auge zutun können. Danach hatte sie beschlossen, nie wieder im Haus der Mutter zu übernachten.
Wir arbeiten nun gemeinsam weiter an dieser Erinnerung, um vielleicht konkretere Zusammehänge zu finden. Frau Sommer stellt sich vor, wie in der damaligen Nacht im Ehebett der Eltern zu liegen. Sie spürt eine heftige Unruhe in den Beinen und fühlt, wie jemand ihre Knie nach unten drückt. Ein Mann befriedigt sich zwischen ihren Beinen. Ihr Körper fühlt sich sehr klein an,

entsprechend einem Alter zwischen ein und zwei Jahren. Sie empfindet den Mann als fremd. Er ist schlank, und seine Haut ist glatt. Es kann der russische Soldat sein, ebensogut aber auch der Vater. Als Frau Sommer ein bis zwei Jahre alt war, kam der Vater aus dem Krieg zurück; er war ein Fremder für sie, der kam und ihr Leben zerstörte. Nach der konsequenten und heftigen Abwehrreaktion der Mutter allen brieflichen und telefonischen Anfragen gegenüber kann Frau Sommer sich gut vorstellen, daß er der Täter war. Die Mutter schützt weiterhin ihr Bild vom rechtschaffenen und guten Ehemann und Vater.

20.8.92

Frau Sommer hat wieder einen Brief von der Schwägerin bekommen. Darin kommt nun erstmalig ganz deutlich zum Ausdruck, daß sie vom sexuellen Mißbrauch ihres Ehemanns an seiner Schwester weiß. Die Schwägerin formuliert explizit ihr Interesse an einem Kontakt mit Frau Sommer. Diese weiß nicht recht, wie sie damit umgehen soll, und entscheidet sich dann für ein distanziertes Verhältnis zur Schwägerin, weil der Kontakt nie problemlos war. Sie mag die Schwägerin nicht besonders, und außerdem möchte sie nichts schreiben, was der Bruder irgendwann gegen sie verwenden könnte.

Ein Erinnerungsblitz

Ende August heiratet eine Nichte meines Mannes. Wir sind eingeladen und treffen unsere Vorbereitungen. Einige Überredungskunst braucht es, bis auch meine Schwiegermutter mitfährt. Es gelingt uns, ihr die Angst vor der langen Autofahrt, vor Lastwagen und vor den vielen Menschen zu nehmen. Unser Hund ist bei lieben Nachbarn gut aufgehoben. Die Fahrt verläuft reibungslos. Auch das Wetter verspricht gut zu werden.

Pünktlich zum vorgesehenen Termin betreten wir ein schickes Hotel an der holländischen Grenze. Für zwei Nächte ist ein Zimmer für uns vorbestellt. Sehr praktisch, da die Hochzeitsfeier ebenfalls dort stattfindet. Wir erfrischen uns im hauseigenen Swimmingpool und legen uns noch kurz hin.

Inzwischen sind alle Gäste eingetroffen. Die Leute, die sich schon kennen, haben sich begrüßt. Wir fahren alle im Konvoi zum Haus der Brauteltern und von dort zur Kirche. Die Autos sind mit langen, weißen Bändern geschmückt. Die Gäste elegant gekleidet und frohgelaunt. Braut und Bräutigam geben sich in einem hocheleganten Outfit in einer kleinen, festlich geschmückten katholischen Kirche ihr Jawort.

Die Videokameras surren lautlos und halten das festliche Geschehen fürs Leben fest. Vor der Kirche wünschen alle gerührt dem frischgebackenen Ehepaar alles Glück dieser Welt. Ein paar Regentropfen fallen in den Schleier. Doch die Wolke zieht schnell vorbei. Laut hupend fährt die lange Autoschlange anschließend zur Feier zurück ins Hotel. Allen voran das strahlende Brautpaar in einem offenen Sportwagen. Ein tolles Bild.

Wenn nur das ganze Leben so unbeschwert wäre. Sie haben noch alles vor sich. Was werden sie daraus machen?

Das abendliche Hochzeitsmenü wird an runden Tischen gereicht. Es besteht aus vielen Gängen und ausgesuchten Weinen. Alles ist exzellent arrangiert. Mit einem guten Gespräch in der Bar beende ich mit meinen Kindern zusammen den Abend. Gegen die bleierne Müdigkeit kann ich nicht mehr ankämpfen. Ich gehe zu Bett und erhole mich von den Strapazen des Abends.

Am nächsten Tag, nach dem Frühstück, ist eine Wanderung geplant. Da wir keine Anhänger von Gewaltmärschen sind, überlassen wir es der Jugend, ihre Kräfte zu messen. Wir ziehen uns zu einem Mittagsschläfchen aufs Zimmer zurück. Neben mir höre ich schon bald den gleichmäßigen Atemzug meines Mannes.

Ich lese ein Buch über die Bewältigung von sexuellem Mißbrauch. Es ist der Bericht des Leidensweges einer Frau, deren Stiefvater sie und ihre Schwester über Jahre mißbraucht hat. Plötzlich sehe ich beim Lesen vor meinem inneren Auge einen Bildausschnitt, der gar nicht zum gelesenen Text paßt:

Ich gehe voller Vorfreude in ein Zimmer. Auf der linken Seite steht eine Couch. Ein Mann mit dunklen, vollen, kurzen Haaren liegt mit angewinkelten, auseinandergeklappten Beinen darauf. Für einen kurzen Augenblick meine ich, das Gesicht erkannt zu haben. Sofort gerät es wieder in Vergessenheit, und ich sehe nur noch in ein gesichtsloses Oval. Statt der anfänglichen Freude beschleicht mich Unbehagen, ich werde unsicher. Das Zimmer kommt mir unbekannt vor.

Das ist vorerst alles. Ich bin irritiert. Ich suche nach einer Erklärung und lese den Text mehrere Male durch. Erinnert er mich an etwas? Nicht die Spur. Ich blättere zurück zum Anfang des Kapitels und beginne erneut mit meiner Suche. Irgend etwas muß eine Erinnerung in mir wachgerufen haben. Plötzlich habe ich es! Die Frau schreibt ein paar Seiten vorher, daß sich ihr Stiefvater über Jahre zwischen ihren Schenkeln befriedigt hat. Es muß damit zusammenhängen. Das Wissen ist in mir. Ich muß es nur abrufen. Es läßt mir keine Ruhe. Wieder fehlt mir das Gesicht. Habe ich mich getäuscht, als ich meinte, es kurz erkannt zu haben?

Am Morgen meldet sich meine Migräne erneut. Ich erwache wieder mit diesem unangenehmen, schmerzhaften Druck, der direkt auf die Augäpfel wirkt. Die Augenlider bekomme ich nur mühsam auf.

In der nächsten ruhigen Stunde zu Hause versuche ich das, was ich sonst in der Therapie unter Anleitung mache. Auf der Liege entspanne ich mich, atme einige Male ruhig ein und aus. Ich lasse das

Gefühl kommen. Über den Erinnerungsausschnitt und das Gefühl komme ich zum Geschehen. Bilder tauchen auf.

Irgend etwas hat mich in dieses Zimmer gelockt. Ich bin voller Vorfreude, als ich die Tür öffne und hineingehe. Das Sofa kenne ich nicht. Der Mann darauf kommt mir irgendwie vertraut vor. Ich gehe auf ihn zu. Ein vages Gefühl des Erkennens, dann das fleischfarbene Oval, das sich zu freuen scheint. Unterschiedliche Gefühle, ich bin zutiefst verunsichert und irritiert über das, was weiter geschieht. Ich muß mich mit dem Rücken eng an ihn legen. Jetzt und hier weiß ich, daß er sich von hinten zwischen meinen Schenkeln befriedigt. Ich werde stocksteif.

Die Erinnerung schwindet. Am meisten nervt mich, daß ich bei diesen Rückblenden nie das Gesicht erkenne. Entweder sehe ich es gar nicht, oder es ist ein ovales Nichts. Ich mache mich auf die Suche nach anderen möglichen Erklärungen für den Erinnerungsblitz.

In der folgenden Therapiestunde frage ich meine Therapeutin nach ihrer Meinung. Wir wollen es ergründen.

Wieder liege ich auf der Matratze, die Therapeutin sitzt davor auf meiner rechten Seite. Es wiederholt sich alles noch einmal, wie zu Hause. Als ich aufgefordert werde, deutlicher hinzuschauen, sehe ich, daß der Mann im Liegen die Hose mit den Hosenträgern bis zu seinen Füßen heruntergeschoben hat. Eine Socke lugt hervor. Der Oberkörper ist mit Hemd, Krawatte und Sakko bekleidet. Was ich da sehe, entbehrt trotz allem jetzt nicht einer gewissen Komik. Ich muß schmunzeln. Nur das Gesicht fehlt wieder. Nichts, was mir bekannt vorkommt.

Um an dieses Gesicht zu kommen, krame ich aus alten Fotoalben sämtliche Männer hervor, die für den sexuellen Mißbrauch in Frage kommen könnten. Ich möchte keinem Unrecht tun, aber ich muß es endlich wissen. Für eine Nacht lege ich mir die Bilder sogar unter mein Kopfkissen, vielleicht bekommt so das fleischfarbene Oval menschliche Züge. Nichts! Vier Bilder sind es, die ich in diesen Tagen mehrmals sorgfältig mit der Lupe betrachte. Ich suche ihre Gesichter ab und nach Merkmalen an ihren Körpern. Nichts geschieht.

Beim Betrachten des Gesichts meines Vaters erstaunt mich, daß es sehr fremd auf mich wirkt. Je länger ich es betrachte, desto mehr scheint es wie eine Fratze zu sein. Es hat keinen Sinn. Die Fotos stecke ich alle wieder an ihren Platz. Mit Macht läßt sich nichts erzwingen. Ich muß mir Zeit lassen. Einmal, so hoffe ich, kommt der Tag, an dem ich weiß, wer es war.

Durch die Therapie wird mein seelischer Zustand und somit auch meine Gesundheit langsam, aber stetig immer stabiler. Die Auswirkungen spüre ich mit großer Erleichterung schon seit längerer Zeit. Ich bin in der glücklichen Lage, mein Leben wieder fest in meine Hände nehmen zu können. Es fällt mir von Tag zu Tag leichter. Was noch in Zukunft auf mich zukommen wird, kann ich nicht abschätzen. Aber in mir wächst die Zuversicht, normale Schwierigkeiten wieder aus eigener Kraft meistern zu können.

So stelle ich in Absprache mit meiner Therapeutin keinen Antrag mehr auf weitere Therapiestunden, und die Abstände für die noch verbleibenden Stunden werden auf vierzehn Tage ausgedehnt.

3.9.92

Und wieder ist ein Brief von der Schwägerin gekommen, noch deutlicher als der vorherige. Die Schwägerin steht ganz offensichtlich unter Druck und sucht Austausch und Hilfe. Frau Sommer möchte ihr diese Möglichkeit nun doch anbieten, weiß aber noch nicht, in welcher Weise, um sich dem Bruder gegenüber sicher zu fühlen. Sie will es sich in Ruhe überlegen.

Beim Lesen eines Buches über sexuellen Mißbrauch hat sie plötzlich ein Bild vor Augen gehabt: Sie geht voll freudiger Erwartung in einen Raum. Ein Mann liegt auf dem Sofa, sein Unterkörper ist nackt. Der Mann sagt: »Komm her!«, und Frau Sommer gehorcht. Sie ist es gewohnt, immer zu gehorchen. Der Mann legt sich gegen ihren Rücken und befriedigt sich zwischen ihren Beinen.

Dieses Bild ist aufgetaucht, als Frau Sommer in einem Buch das Wort »Schenkelsex« gelesen hat. Das Wort war die Verbindung zu der selbst erlebten Mißbrauchssituation.

Sie sieht sich den Mann vor ihrem inneren Auge genauer an, um ihn zu identifizieren. Er ist mit Hemd und Sakko bekleidet, seine Hose hängt an den Füßen, und die Socken sind heruntergerollt. Es ist ein älterer Körper, das Gesicht kann Frau Sommer nicht erkennen. Sie spürt ganz deutlich, daß er der Mann ist, der sie ihre ganze Kindheit hindurch sexuell mißbraucht hat. Im heutigen Bild sieht sie sich selbst älter als bei den Erinnerungen an Mißbrauchssituationen im Kleinkindalter. Sie sieht ihre Beine vor ihrem inneren Auge länger als in den bisherigen Bildern, kann das Alter aber nicht genau bestimmen.

Es kann sich nur um den Vater handeln, sagt Frau Sommer, denn niemand außer ihm hatte regelmäßig die Gelegenheit, sie zu mißbrauchen. Sie wünscht sich, das Gesicht klar erkennen zu können.

17.9.92

Auf meinen Vorschlag hin hat sich Frau Sommer alte Fotos angesehen, um das leere Gesicht vielleicht mit einem Bild füllen zu können. Wenn sie den Vater auf Bildern sah, kam er ihr fremd vor, sie sah eine Fratze anstelle eines Gesichts. Bruder, Vater und Onkel sehen sich auf den Bildern sehr ähnlich: Alle haben dichtes Haar und denselben Haarschnitt.

Wir arbeiten auf der Matte an Frau Sommers Augen und suchen ein Gespräch mit ihnen. Die Augen haben den Täter in der Kindheit gesehen und könnten ihn wiedererkennen. Vielleicht blockieren die Augen, weil die Erkenntnis zu schmerzhaft sein könnte.

Frau Sommer fragt die Augen, was sie sehen können. Die Augen signalisieren Angst als Antwort. Sie haben Angst vor der Fratze, die sie auf dem Sofa sehen. Frau Sommer hat sich als Kind gefreut und war voller Erwartung, als sie das Zimmer betrat. Jemand mußte diese freudige Erwartung durch ein Versprechen oder ähnliches ausgelöst haben. Sie hatte mit jemandem in diesem Zimmer gerechnet, den sie kannte und der ihr vertraut war. Ihr Bruder kann es nicht gewesen sein, weil der Körper auf dem Sofa im Bild wesentlich älter ist.

Ich zeige Frau Sommer die Möglichkeit auf, daß sie damals als Kind in den Raum kam und nicht den vor sich sah, den sie erwartet hatte. Sein Gesicht war zu einer Fratze verzerrt, sie konnte ihn wirklich nicht erkennen. Vielleicht hat sie die Erkenntnis auch abgespalten, wie viele Kinder es tun. Um den Vater nicht als Schädiger ertragen zu müssen, spalten sie den guten Vater von einer Person oder Figur ab, die kommt und sie mißbraucht. Sie benutzen dann eigene Bilder für den Mißbraucher: ein Monster, einen Teufel, einen schwarzen Mann, einen Mann mit Hut – oder auch eine Fratze. Indem sie dem Mißbrauch die Fratze zuordnet, kann Frau Sommer sich das Bild des sonstigen Vaters erhalten – der auch so gefährlich und schädigend genug war.

Sie kann die Fratze nicht identifizieren. Somit bleibt nur der Körper des Mannes. Körper und Kleidung könnten dem Vater gehören.

Fahrt in die Vergangenheit

Seit einiger Zeit schmieden wir Pläne für die Herbstferien. Mein Mann hat eine Woche Urlaub, den wir zu einer Kurzreise in die neuen Bundesländer nutzen wollen. Ich verspüre den Wunsch, in die Stadt zu fahren, in der ich vom zweiten bis achten Lebensjahr aufgewachsen bin. Die Mauer ist gefallen, und so steht diesem Ansinnen nichts mehr im Wege. Um in dieser großen Stadt die Straße und das Haus wiederfinden zu können, zeichne ich aus dem Gedächtnis einen Plan. Den Namen der Straße habe ich nur noch vage in Erinnerung. Die Spannung in mir steigt. Seit ich mich zu dieser Suche entschlossen habe, kämpfe ich wieder mit leichten Migräneattacken.

Mit unserem Sohn legen wir die Reiseroute fest. Ein Besuch im Konzentrationslager Buchenwald, Städtereisen nach Weimar, Zwickau und auf der Rückfahrt Leipzig und drei Tage Berlin. Für jeden etwas. Um mit unserem Hund unabhängig zu sein, mieten wir uns ein Wohnmobil.

Am Nachmittag erreichen wir bei Regenwetter die Mahn- und Gedenkstätte Buchenwald auf dem Ettersberg in der Nähe von Weimar. Bei dem Rundgang durch das Konzentrationslager erschüttert uns zutiefst die Unmenschlichkeit, mit der hier über Jahre täglich Menschen gequält, gefoltert und getötet wurden. Im Museum stehen wir wie viele mit uns stumm vor den unzähligen, grauenvollen Zeugnissen der Menschenverachtung im Dritten Reich. Die Gedanken daran verfolgen mich noch lange. Sie lassen sich nicht so einfach abschütteln.

Da es dunkel wird, übernachten wir anschließend in Weimar auf einem für Wohnmobile ausgewiesenen Platz. Am frühen Morgen erwache ich mit starken Kopfschmerzen und bekomme die Augen kaum auf. Ich spüre wieder diesen ungeheuren Druck auf die Augäpfel. Die Migräne begleitet mich auch am folgenden Tag, als wir nach einer Stadtbesichtigung in Weimar weiterfahren nach Zwickau in Sachsen.

Am Ortseingang tanken wir an einer nahezu mittelalterlichen Tankstelle, und dort versorgen wir uns auch mit einem Stadtplan. Ich bin erschrocken über die Größe der Stadt. Habe ich überhaupt eine Chance, den Stadtteil wiederzufinden, in dem wir gewohnt haben? Etwas mutlos sehe ich die Häuser an mir vorbeiziehen.

Wir halten in einer Allee. Während ich ganz verzagt den Stadtplan studiere, gehen mein Mann und mein Sohn mit dem Hund spazieren. Nach der langen Fahrt tut ihnen die Bewegung gut. Die starke Migräne, die mich quält, bekomme ich auch mit Schmerztropfen nicht weg. Mir ist zum Heulen.

Als sie wiederkommen, sehen sie ganz erstaunt, daß ich die Stelle schon markiert habe, die wir suchen. Natürlich bin ich mir nicht sicher, aber die Merkmale, an die ich mich erinnere, stimmen mit dem Stadtplan überein.

Die Straße, auf der wir nun fahren, ist mehrspurig ausgebaut. Im Augenblick des Vorbeifahrens erkenne ich sofort von weitem das große Eckhaus, in dem wir sieben Jahre gewohnt haben. Zwei Straßen mit langen Häuserreihen treffen sich vor dem Eckhaus in einer großen Straßenkreuzung. Gegenüber befindet sich ein Park.

Wir stellen das Auto ab und machen uns zu Fuß auf die Suche nach meiner Kindheit. An der Schule geht es vorbei, in die ich zwei Jahre gegangen bin. Nichts hat sich am äußeren Erscheinungsbild verändert. Auch das Haus sieht so aus, als hätte ich es erst gestern verlassen. Mit klopfendem Herzen trete ich in den großen Hausflur. Die breite Treppe mit den ausgetretenen Holzstufen führt in die oberen Stockwerke. Sogar das Treppengeländer mit dem Holzgriff ist noch dasselbe. Ich stehe vor der Tür zu unserer Wohnung. Vor der Nachbarwohnung sind ein paar Eimer mit Kohlen abgestellt. Ob es in der Küche immer noch den Kohleofen mit den herausnehmbaren Ringen gibt? Auf ihm habe ich als Kind Brotscheiben geröstet, wenn es genügend Brot gab. Dazu Kakao getrunken, der mit Wasser angerührt war. Erinnerungen kommen, ich gebe mich ihnen hin. Ich stehe im Treppenhaus, kämpfe mit den Tränen und lasse ihnen schließlich freien Lauf. Aber keine weitere Erinnerung taucht auf. Kein Gesicht, das sich zu erkennen gibt.

Zu gern würde ich in eine dieser Wohnungen schauen. Hier ist jetzt eine öffentliche Dienststelle untergebracht, und wir haben Wochenende. Außerdem würde mir der Mut fehlen, zu klingeln. In den anderen Wohnungen scheinen auch noch Privatleute zu wohnen. Ein Kinderwagen steht im Hausflur.

Durch die Hofeinfahrt gehe ich zur rückwärtigen Front, es sieht alles verfallen und heruntergekommen aus. Von hinten kommt man in die Keller. Etwas hält mich ihnen fern. Es sieht so bedrohlich aus.

Nun laufen wir die mir noch bekannten Wege ab. Wir überqueren die Straßenkreuzung und befinden uns im Park. Dort ist noch das Toilettenhäuschen und der Pavillon. Durch die Grünanlage bin ich als kleines Mädchen mit meinem Holzroller gefahren und habe meinem Vater das Mittagessen in den Garten gebracht. Also müssen dahinten die Kleingärten liegen. Wir finden sie. Auf einer Parkbank machen wir Rast und vergleichen meine Handskizze, die ich vor der Abfahrt zu Hause angefertigt habe, mit der Wirklichkeit. Alles stimmt bis auf das kleinste Detail. Es ist erstaunlich, und es berührt mich sehr.

Anschließend besuchen wir das Altstadtfest und laben uns an den vielen Köstlichkeiten. Danach nehme ich Abschied von der Stätte meiner Kindheit. Ich fühle mich bestätigt in der Wahrheit meiner Erinnerungen.

Wir übernachten auf einem einsamen Campingplatz an einem Stausee. Am nächsten Morgen ist die Migräne verschwunden, und ich fühle mich fabelhaft. In diesem wundervollen Zustand befinde ich mich auch in der nun folgenden Zeit.

15.10.92

Frau Sommer ist nach Zwickau gefahren, in die Stadt, in der sie bis zum Alter von acht Jahren lebte. Sie hat sich auf die Suche nach den ersten Jahren ihrer Kindheit gemacht, in der Hoffnung, neue Spuren und weitere Erinnerungen zu finden. Zeitweilig ist zwar Migräne aufgetreten, sie hat aber keine Zusammenhänge finden können.

Die damalige Wohnung hat sie ohne Schwierigkeiten wiedergefunden. Auch an die umgebenden Straßen und an den Park in
der Nähe hat sie sich richtig erinnert. Sie kannte noch alle
Wege, die sie als Kind gegangen ist.
Obwohl keine weiteren Erinnerungen kamen, war die Fahrt positiv für Frau Sommer. Sie hat das Gefühl, mit diesem Kapitel
ihrer Kindheit abgeschlossen zu haben.
Frau Sommer hat schon vor längerer Zeit ihren Hausarzt ge-
wechselt, da der bisherige der Therapie eher ablehnend ge-
genüberstand. Mit ihrem neuen Hausarzt hat sie ausführlich
über ihre ehemalige Ergotaminabhängigkeit gesprochen. Er
hat sie in ihren damaligen Bemühungen um den Entzug bestätigt. Dieses Gespräch hat ihr gutgetan. Sie fühlt sich auch von
anderen Personen außerhalb der Therapie in der Richtigkeit
ihrer Gedanken und Gefühle bestätigt.
Es bleibt noch etwas Zeit, um meine Idee anzusprechen, die ich
schon seit längerer Zeit mit mir herumtrage: ein gemeinsames
Buch mit ihr über ihre Therapie zu schreiben, eine Kombination
aus ihrer und meiner Perspektive. Frau Sommer traut es sich
nicht zu, sie kann nicht schreiben, meint sie. Ich ermutige sie,
sprachlich hat sie einen guten Stil, und ich halte sie für fähig, ihr
Erleben zum Ausdruck zu bringen. Ich schlage ihr vor, es doch
einfach zu versuchen. Wenn es ihr nicht gelingt, ist es noch früh
genug, die Idee zu verwerfen. Denn die Idee selbst gefällt ihr.
Und mein Vertrauen in ihre Fähigkeiten scheint sie zu ermuti-
gen.

29.10.92

Gleich nach der letzten Sitzung hat Frau Sommer mit dem
Schreiben begonnen. Sie ist unsicher, ob es wohl gut genug geworden ist, und möchte es mir vorlesen. Zeitweilig hat sie beim
Lesen Tränen in den Augen, als es um den früheren Zustand
ständiger Migräne geht. Sie spürt noch einmal, wie schlecht es
ihr ging.
Das Schreiben empfindet Frau Sommer als einen weiteren Ver-

arbeitungsprozeß, der eine eigene Dynamik bekommen hat. Sie kann kaum aufhören zu schreiben, die Erinnerungen fließen nur so aus ihr heraus. Es ist ihr nicht wichtig, ob aus dem Geschriebenen ein Buch wird. Das Schreiben lohnt sich als Verarbeitung an sich. Ihr Schreibstil ist gut und mit Bildern durchsetzt, wie ich es erwartet hatte. Ich ermutige sie, weiterzuschreiben.

12.11.92

Frau Sommer kommt mit dem Schreiben zügig weiter. Sie hat keine Migräne dabei, spürt aber deutlich, daß sie alles dadurch noch einmal auf eine völlig andere Weise verarbeitet. Ihre Familie unterstützt sie. Sie hat ihren eigenen Rhythmus beim Schreiben gefunden und setzt sich nur dann hin, wenn sie mehrere Stunden hintereinander schreiben kann. An manchen Tagen kann sie nicht weiterschreiben. Sie respektiert diesen Rhythmus und spürt dabei ihre eigenen Möglichkeiten und Grenzen bewußter. Vor dem Bruder hat sie keine Angst. Falls es ein Buch werden sollte und er davon erfahren würde, könnte sie ihm und seinen Reaktionen ruhig ins Auge sehen. Sie überlegt aber, zum Schutz ihrer jetzigen Familie ein Pseudonym zu verwenden. Ich ermutige sie, diese Entscheidung ganz frei zu treffen. Sie spürt, daß sie sich selbst auch noch vor der Öffentlichkeit schützen möchte und sich nicht Fragen oder gar Angriffen aussetzen will. Das sind ihre Grenzen – ich freue mich, wenn sie sie sieht und respektiert.

26.11.92

Das Schreiben geht weiter gut voran. Frau Sommer hatte einige Tage lang Migräne, die sie aber nicht dem Schreiben zuordnet. Sie vermutet zunächst einen Zusammenhang mit ihrer Sorge um ihren kranken Hund. Dann erinnert sie sich jedoch an eine Fernsehsendung über Massenvergewaltigungen moslemischer Frauen im ehemaligen Jugoslawien. Frau Sommer spürt, daß diese Sendung viele Gefühle in ihr ausgelöst hat, die sie nicht ausreichend beachtet hat. Sie spürt die Parallelen zu sich selbst, sie weiß, wie vergewaltigte Frauen sich fühlen. Sie weint um die Seelen der Frauen und dabei wieder auch ein Stück um sich selbst. Ich erinnere sie noch einmal an die Möglichkeiten, die sie zu einem selbständigen Umgang mit solchen Gefühlen bereits gelernt hat. Wenn sie sich und ihre Gefühle nicht wichtig nimmt und sie an die Seite schiebt, kommt die Migräne als Signal.

Wir sprechen über die Hintergründe der Massenvergewaltigungen. Die moslemischen Frauen werden als Besitz ihrer Männer betrachtet. Die Vergewaltiger wollen die Männer treffen und benutzen die Frauen dazu, wie es seit Jahrhunderten ein Mittel des Kampfes unter Männern war, den Besitz zu schädigen, ob Ländereien, Häuser, Vieh – oder Frauen. Frauen waren immer nur ein Teil dieses Besitzes, keine eigenständigen Wesen mit Seelen.

Auch in mir zieht sich alles zusammen, wenn ich an die moslemischen Frauen denke, die nicht nur ständig vergewaltigt werden, sondern denen von den Vergewaltigern auch noch die dabei gezeugten Kinder aufgezwungen werden. Wie sollen diese Kinder mit ihren Müttern leben, ungewollt und durch Gewalt entstanden? Wie sollen die Mütter diese durch Gewalt aufgezwungenen Kinder lieben können? Wie sollen die Ehemänner – und noch dazu Moslems – diese Kinder akzeptieren können? Ich spüre die stummen Schreie der Frauen, wenn ich im Fernsehen in ihre starren Gesichter und die leeren Augen sehe. Es ist Mord an Tausenden von Seelen.

Ich werde diese Kälte und den Haß in solchen Männern nie verstehen, diese Zerstörung von Körpern und Seelen ohne Mitgefühl. Ich glaube, ich möchte es auch nicht verstehen. Es fröstelt mich bei der Vorstellung, wie es in diesen Männern aussehen muß: tot, kalt und leer. Ich möchte Leben und Lebendigkeit in mir fühlen und mit den Frauen und Kindern diese Lebendigkeit auch in ihnen suchen. Ich finde es wichtig, Hoffnung und Leben gegen diese grausame Zerstörung zu setzen.

10.12.92

Frau Sommer ist beim Schreiben der Erinnerung bei dem ge-
blümten Kissen angekommen. Sie hat festgestellt, daß sie eine
entschärfte Version hat, insbesondere um ihre Familie zu schützen, die das Geschriebene mit großem Interesse liest. Sie hatte
zeitweilig Kopfschmerzen beim Schreiben. Ich frage sie, warum
sie ihre Gefühle tabuisiert. Es tut ihr offensichtlich nicht gut. Gefühle sind nicht gefährlich, nur Handlungen. Sie selbst erträgt
ihre Gefühle inzwischen, und auch ihre Leser werden dazu in
der Lage sein. Es ist nicht ihre Aufgabe, die Leser zu schützen.
Sie müssen schon selbst auf sich aufpassen. Sie können das
Buch dosiert lesen und es jederzeit weglegen, wenn ihre Gefühle heftig und unerträglich zu werden scheinen. Die Leser
können eine Pause wählen – was Frau Sommer nicht kann. Ihre
Gefühle sind immer da, und sie hat gelernt, damit umzugehen,
statt sie um den Preis von Migräne und Depressionen zu verdrängen. Nur so konnte die Migräne nachlassen bis zum beinahe vollständigen Verschwinden.

7.1.93

Gestern hatte Frau Sommer wieder Migräne. Sie bringt sie in
Zusammenhang mit einem Gespräch mit dem Sohn, dem sie
Grenzen hat setzen müssen. Die Migräne hat immer etwas mit
ihren Grenzen zu tun.
Weihnachten hat sie gut verbracht, eine Karte der Mutter hat sie
gelassen entgegengenommen. Die Mutter hat dem Sohn und der
Tochter Geld geschickt. Das ist Frau Sommer nur recht, sie selbst
möchte von der Mutter keine Geschenke mehr. Das Schreiben ist
weiterhin ein wichtiger Verarbeitungsprozeß für sie.
Es bleibt noch etwas Zeit für eine Entspannungsübung. Dazu
war im Verlauf der Therapie nicht viel Gelegenheit, Frau Sommer hat beinahe jede Stunde zu intensiver inhaltlicher Arbeit
genutzt. Das wenige, was wir an Entspannung geübt haben,
kann sie jedoch heute selbständig im Alltag anwenden.

Es ist unsere letzte Therapiestunde und Zeit für ein Abschlußge-
spräch. Frau Sommer fühlt sich allein in der Lage, mit ihrem
Leben sinnvoll und positiv umzugehen. Sie weiß, wie sie sich
selbst helfen kann, wenn Migräne noch einmal auftritt. Sie spürt
die Migräne schon im Ansatz und arbeitet dann mit sich selbst in
der Weise, wie wir es gemeinsam in den Sitzungen getan haben. Sie fühlt sich stark und klar.

Ihre Vergangenheit liegt hinter ihr und beeinflußt ihr gegenwär-
tiges Leben kaum noch. Es geht ihr gut, und sie genießt ihr Leben für sich und gemeinsam mit ihrer Familie. Sie hat den Mißbrauch nicht nur überlebt, sondern einen Weg in ihr eigenes
Leben gefunden, über das nur sie selbst bestimmt.

Es ist kein intensiver Abschied, da wir uns zum Zusammenstel-
len des Buches auf einer anderen Ebene wiedersehen werden.

Die therapeutische Begegnung ist in der bisherigen Form beendet. Sie wird ein Stück weit bestehenbleiben in jedem anderen
Kontakt zwischen ihr und mir. Aber sie braucht meine Unterstützung in der bisherigen Form nicht mehr, und ich freue mich darauf, mit dieser klaren und freundlichen Frau ein Buch über den
therapeutischen Weg zu schreiben, auf dem wir beide gemeinsam und doch jede für sich zwei Jahre lang gegangen sind.

Wildwasser und meine zwiespältigen Gefühle

Der Herbst 1992 vergeht, und der Winter kommt. Ich habe inzwischen angefangen, meine Lebensgeschichte niederzuschreiben.
Immer noch, wenn ich an für mich schwierige Stellen komme, reagiere ich mit Migräne. Da ich mittlerweile weiß, woher sie kommt, kann ich ihr mit Entspannungsübungen und anderen kleinen Tricks begegnen. Sie ist dann nur von kurzer Dauer und hat längst nicht mehr die Ausmaße, die sie früher hatte.
Das Schreiben beruhigt meine Seele und entkrampft den Kopf. Die Tage verlaufen wieder so, daß ich sie gut meistern kann. Ich schaue in die Zukunft mit dem Gefühl, daß es eigentlich nur noch besser werden kann.
Natürlich bereitet mir der Gedanke an meine Mutter und meinen Bruder noch sehr viel Unbehagen. Aber ich habe den ständigen Streß satt, den es mit sich bringt, immer nur Negatives empfangen zu müssen, egal wie sehr ich mich anstrenge. Noch spüre ich in mir die Bereitschaft, mich sachlich mit ihnen auseinanderzusetzen, mit Blick auf die Problematik, die sich aus meiner Vergangenheit ergibt. Aber ganz sicher nicht auf der Ebene von Vorwürfen, Vorschriften und Abwertung meiner Person.
Am 21. Januar 1993 habe ich meine letzte Therapiestunde. Dank einer sachkundigen Diplompsychologin habe ich viel über mich gelernt und gehe bestärkt in den nächsten Lebensabschnitt. Ich gehöre wieder zu den Lebenden. Meine ganze Familie freut sich darüber.
Anfang Februar erfahre ich aus der Zeitung, daß »Wildwasser« Marburg in Zusammenarbeit mit der örtlichen Beratungsstelle für sexuell mißbrauchte Kinder und Jugendliche eine Wanderausstellung zeigt. Das Thema: »Gegen den sexuellen Mißbrauch an Mädchen.«
Es ist Samstag, und so fahre ich kurzentschlossen in die Nachbarstadt. Dort ist im Parterre des Rathauses eine Wohnung nachgebaut. Der Besucher geht durch Wohn-, Schlaf-, Kinderzimmer

und Küche und sieht Beiträge zu Geschichten, Ursachen, Bedingungen und Folgen der sexuellen Gewalt gegen Mädchen und Frauen sowie Möglichkeiten der Heilung.

Die Ausstellung nimmt nur eine verhältnismäßig kleine Fläche ein. Aber die Wirkung kommt gänzlich unerwartet für mich. Mein Körper reagiert mit Herzklopfen, Unruhe und Juckreiz. Es berührt mich alles sehr. Wieder einmal muß ich gegen Tränen ankämpfen. Die Nase läuft wie bei meiner Frühlingsallergie. Es ist nicht zu fassen. Nach über zwei Jahren Psychotherapie habe ich geglaubt, dieser Thematik gewachsen zu sein. Wie habe ich mich getäuscht. Es wird mir schmerzlich bewußt, wie viele Kinder davon betroffen waren und immer noch sind. Ich sehe in Gedanken all die Kinder vor mir, deren Seelen auch in Zukunft gemordet werden. Ich schaue verstohlen in die Gesichter der Besucher um mich herum. Wie viele mögen mit ihren Gefühlen zu kämpfen haben? Ich vermute es bei einigen. Hier halte ich es nicht mehr aus.

Am Eingang liegen Bücher aus, die mich sehr interessieren. Nach kurzer Zeit habe ich mich im Vorraum soweit gefaßt, daß ich, ohne aufzufallen, noch einige erstehen kann. Nur raus hier. Erst bei einem zweiten Besuch am nächsten Tag meistere ich das, was ich mir eigentlich am Vortag vorgenommen und nicht geschafft habe.

Ich finde die Arbeit von »Wildwasser« und allen Vereinen, die es sich zur Aufgabe gemacht haben, die Öffentlichkeit zu sensibilisieren und über sexuellen Mißbrauch und Inzest zu informieren, ungeheuer wichtig. Als Betroffene möchte ich etwas mehr als nur ein Dankeschön ins Gästebuch schreiben. Obwohl ich eine günstige Gelegenheit abwarte, muß ich mich doch sehr dazu überwinden. Daß ich diese Hürde nehme, ist ein kleiner persönlicher Erfolg für mich.

Zum zweiten Mal verlasse ich diese Ausstellung mit zwiespältigen Gefühlen und einem weiteren Stoß Bücher unter dem Arm.

Ich muß die Anspannung loswerden. Auf einem Waldspaziergang mit unserem Hund ziehe ich eine persönliche Bilanz.

In der Vergangenheit gab es lange Phasen, in denen es mir so schlechtging, daß ich nur versucht habe, den Tag, der gerade vor mir lag, zu überstehen. Nun fühle ich wieder Kraft und Leben in mir. Das macht mich froh und dankbar. Ich glaube wieder an meine Zukunft. Dank der Psychotherapie habe ich viele meiner Kindheitsträumen verarbeitet. Mich quälen keine Alpträume mehr, ich kann wieder ruhig schlafen. Gelegentlich piesackt mich noch mal die Migräne. Ich sehe darin dann einen deutlichen Hinweis, daß ich mich einem akuten Konflikt stellen muß. Ist die Ursache gefunden und habe ich mich mit dem Problem auseinandergesetzt, verspüre ich Erleichterung, und die Migräne verschwindet allmählich.

Rückblickend war es außerordentlich wichtig für mich, mir meinen Lebensweg anzuschauen, um Schritt für Schritt meine persönliche Entwicklung zu begreifen. Dazu bedurfte es sachkundiger Hilfe.

Mittlerweile ist es mir gelungen, Frieden mit mir zu schließen und mich mit allen noch verbleibenden Narben meiner Seele zu akzeptieren.

Literaturangaben

Bommert, Claudia: Körperorientierte Psychotherapie nach sexueller Gewalt, Psychologie Verlags Union, Weinheim 1993

Breitenbach, Eva: Mütter mißbrauchter Mädchen, Centaurus Verlag, Pfaffenweiler 1992

Brownmiller, Susan: Gegen unseren Willen, Vergewaltigung und Männerherrschaft, Fischer Taschenbuch Band 3712

Chamberlain, David: Woran Babys sich erinnern, Kösel Verlag, München, 2. Auflage 1991

Enders, Ursula (Hrsg.): Zart war ich, bitter war's, Kölner Volksblatt Verlag, Köln 1989

Frey, Pia: Die ›Liebe‹ meines Vaters, Annäherung an einen sexuellen Mißbrauch, Fischer Taschenbuch Band 11121

Godenzi, Alberto: Bieder, brutal, Unionsverlag, Zürich 1989

Huber, Michaela: Multiple Persönlichkeiten, Überlebende extremer Gewalt, Fischer Taschenbuch Band 12160

Janshen, Doris: Sexuelle Gewalt, Verlag Zweitausendeins, Frankfurt 1991

– : Machtverhältnisse, Verlag Zweitausendeins, Frankfurt 1987

Karedig, Anne: Zieh dich schon mal aus, ich hol' inzwischen den Stock, Versuch einer Aufarbeitung, Fischer Taschenbuch Band 10382

– : Weh dem, der mich berührt, Bewältigung eines Inzesttraumas, Fischer Taschenbuch Band 11844

Keleman, Stanley: Embodying your Experience, Transform-Verlag, Oldenburg

Lowen, Alexander: Bio-Energetik, Scherz-Verlag, München 1986

Merz, Helene: Die verborgene Wirklichkeit, Geschichte einer Zerstörung, Fischer Taschenbuch Band 3265

Rijnaarts, Josephine: Lots Töchter, dtv Band 35031

Rush, Florence: Das bestgehütete Geheimnis, Orlanda Frauenverlag, München, 6. Aufl. 1991

Bauernfeind, Yasmina/Schäfer, Marlies: Die verlorene Kindheit, Droemer Knaur Verlag, München 1992

Sgroi/Bunk/Wabrek: »Children's Sexual Behavior and Their Relationship to Sexual Abuse«, in: *Vulnerable Populations* Evaluations and Treatment of Sexually Abused Children and Adult Survivors, Lexington Books 1988

Steinhage, Rosemarie: Sexueller Mißbrauch an Mädchen, rororo Band 8582

Wirtz, Ursula: Seelenmord, Kreuz Verlag, Zürich, 7. Aufl. 1994